westermann

Fit fürs Gymnasium

10-Minuten-Trainer

Rechtschreibung

Übertritt

4→5

Fit fürs Gymnasium

10-Minuten-Trainer

Rechtschreibung

Die Autorin:
Bettina Sattler-Holzky ist Lehrerin und arbeitet seit zwei Jahrzehnten in der Schulsozialarbeit. Die engagierte und erfahrene Pädagogin fördert Kinder mit Lernschwierigkeiten und hat bereits einige Lernhilfen für Grundschulkinder verfasst.

Druck A⁴ / Jahr 2025
Alle Drucke der Serie A sind im Unterricht parallel verwendbar.

Redaktion: Maraike Sörensen-Knoop
Kontakt: lernhilfen@westermanngruppe.de
Illustrationen: Hans-Jürgen Feldhaus, Münster; Heike Heimrich, Berlin
Umschlaggestaltung und Layout: Janssen Kahlert Design & Kommunikation GmbH, Hannover: unter Verwendung eines Fotos von Getty Images, München: Digital Vision/Rebecca Nelson
Umschlagfoto: Getty Images (RF), München: Ron Levine
Druck und Bindung: Westermann Druck GmbH, Georg-Westermann-Allee 66, 38104 Braunschweig

ISBN 978-3-7426-**0291**-6

Vorwort

Liebe Schülerin, lieber Schüler,

du stehst kurz vor dem Übertritt von der 4. in die 5. Klasse und willst dich schnell noch einmal fit fürs Gymnasium machen? Dann ist der **10-Minuten-Trainer** genau das Richtige für dich! Mit diesem Arbeitsheft kannst du alle wichtigen Inhalte des Lernbereichs **Rechtschreibung** wiederholen und üben.

Zu jedem Thema gibt es eine **Doppelseite**, die du in 10 Minuten bearbeiten kannst. So wird der Stoff in übersichtliche Einheiten gegliedert, die dir das Lernen erleichtern.

Anschaulich erklärte **Regeln** und **Tipps** helfen dir bei der Bearbeitung der Aufgaben.

Natürlich gibt es in diesem Heft auch einen **Lösungsteil**, mit dessen Hilfe du überprüfen kannst, ob du die Übungsaufgaben richtig bearbeitet hast. Du findest ihn ab Seite 56.
Übrigens: Für jede gelöste Doppelseite darfst du dich mit einem **Erfolgssticker** belohnen. Klebe ihn einfach in das dafür vorgesehene Feld.

Wenn du im Fach Deutsch noch mehr üben möchtest, sieh dir doch auch den Band *Fit fürs Gymnasium* ***Intensiv-Trainer Übertritt 4→5 Deutsch*** (ISBN 978-3-07-241007-6) an. In diesem Arbeitsbuch findest du zahlreiche Übungen und Tests zu den wichtigsten Lernbereichen des gesamten Deutschunterrichts der Grundschule.

Und damit deine Eltern dich auf deinem Weg ins Gymnasium noch besser unterstützen können, haben wir im Internet unter **www.westermann.de/uebergang-gymnasium** hilfreiche Tipps und praktische Checklisten für sie zusammengestellt.

Viel Erfolg beim Üben mit dem **10-Minuten-Trainer**!

Das Lernhilfen-Team

Inhaltsverzeichnis

Nomen und nominalisierte Verben

Satzanfänge und **Nomen** schreibst du groß.
Die **Artikel-Probe** hilft dir, Nomen sicher zu erkennen: Kannst du **der**, **die** oder **das** vor das Wort setzen?

1 **Unterstreiche alle Nomen in deiner Lieblingsfarbe. Es sind 15 Stück. Wenn du unsicher bist, benutze die Artikel-Probe.**

ENDLICH FERIEN!

CARLOTTA HAT EIN GUTES ZEUGNIS BEKOMMEN. SIE FREUT SICH SEHR DARÜBER UND IST FRÖHLICH, WEIL ENDLICH SOMMERFERIEN SIND. SIE FREUT SICH ABER AUCH SCHON AUF DIE ZEIT NACH DER SOMMERPAUSE. DANN WIRD SIE DAS GYMNASIUM BESUCHEN. SIE WIRD EINIGE NEUE SCHULFÄCHER BEKOMMEN UND NATÜRLICH AUCH NEUE LEHRER UND LEHRERINNEN. DER SCHULWEG WIRD ETWAS WEITER SEIN. ZUM GLÜCK WIRD SIE MIT IHRER BESTEN FREUNDIN FENJA IN DIESELBE KLASSE GEHEN. WIE SCHÖN, DASS SIE NICHT ALLEIN ZWISCHEN ALL DEN FREMDEN KINDERN SITZEN WIRD! ZU ZWEIT IST ES AUCH VIEL LEICHTER, NEUE FREUNDE ZU FINDEN.

TIPP Benutze zum Unterstreichen immer dein Lineal oder dein Geo-Dreieck. Das sieht ordentlich aus und du trainierst den Umgang mit diesen Werkzeugen. Dies hilft dir, auch in anderen Fächern sauber zu arbeiten – zum Beispiel in Geometrie!

Verben können durch einen Artikel zu **Nomen** werden. Dann schreibst du sie groß: *wir schwimmen*, aber ***das** Schwimmen*. Oft versteckt sich der Artikel in einem anderen Wort: *beim* (= bei dem) *Schwimmen, zum* (= zu dem) *Schwimmen, vom* (= von dem) *Schwimmen.* **beim**, **vom** und **zum** sind **Signalwörter**. Sie helfen dir, nominalisierte Verben zu erkennen, also Verben, die zu Nomen geworden sind.

2 **Unterstreiche alle Verben, die zu Nomen geworden sind. Unterstreiche auch den Artikel oder das Signalwort.**

Seit dem letzten Sommer sind Fenja und Carlotta richtige Wasserratten geworden. Sowie die Sonne scheint, fahren sie mit dem Rad zum Schwimmen. Schon beim Radfahren besprechen sie, was sie machen wollen. Planschen und rutschen natürlich! Vom Tauchen bekommt Fenja immer rote Augen, deshalb vermeidet sie das Tauchen ohne Schwimmbrille. Sie freuen sich auf das Springen vom Sprungturm. Fenja springt vom Ein-Meter-Brett. Carlotta möchte vom Dreier springen. Vom Warten an der Leiter ist sie trocken geworden. Als sie oben ist, sieht sie Felix und Max. Sie sind zum Zugucken an den Beckenrand gekommen. Carlotta nimmt Anlauf und springt. Beim Springen hält sie sich die Nase zu.

3 **Trage die nominalisierten Verben aus Übung 2 in die Tabelle ein.**

das	beim	vom	zum

Hier kannst du deinen Erfolgssticker platzieren.

Nominalisierte Adjektive (1)

Auf unterschiedliche Weise werden aus Adjektiven Nomen.
Dies kann durch **Wortbausteine**, wie zum Beispiel Endungen, geschehen. Mit den Endungen **-heit**, **-keit**, **-ung**, **-nis** und **-ness** kannst du aus Adjektiven Nomen bilden. Oft musst du das Adjektiv leicht verändern:
leicht – die Leichtigkeit, schnell – die Schnelligkeit, spannend – die Spannung.
Achte auf die Großschreibung und darauf, wichtige Buchstaben am Wortende nicht zu vergessen.

1 **Bilde passende Nomen mit den Wortbausteinen/Endungen -heit, -keit, -ung, -nis und -ness.**

freundlich: die Freundlichkeit ....

ängstlich: die ....

locker: die ....

besorgt: die ....

finster: die ....

spannend: die ....

gesund: die ....

erfrischend: die ....

fair: die .... cool: die ....

TIPP Nominalisierungen von Adjektiven mit der Endung **-ness** kommen meistens aus dem englisch-amerikanischen Sprachraum. Meine Lieblings-Sportart kommt aus Amerika: Basketball! Fairness und Coolness treffen auf diese Sportart beide zu!

Zusammen mit einem bestimmten oder unbestimmten Artikel wird aus einem **Adjektiv** ein **Nomen**, zum Beispiel bei Farben:
Der Pullover ist gelb und rot. ***Das Rot*** *ist sehr kräftig und* ***das Gelb*** *ist* ***ein*** *helles, leuchtendes* ***Gelb.***
Die Grundfarben sind: ***Rot, Gelb*** *und* ***Blau.***
Das Blau *des Himmels ist anders als* ***das Blau*** *des Meeres.*

2 Fülle den Lückentext mit den zwölf passenden Farb-Adjektiven und nominalisierten Farb-Adjektiven aus der Wörtersammlung.

Blau ■ Dunkelblau ■ Gelb ■ Gelb ■ hellgrün ■ lila ■ Orange ■ Orange ■ Pink ■ Rosa ■ Rot ■ weiße

Carlotta malt mit ihrer Hort-Gruppe für die Sommerzeit ein großes Ferienbild ans Fenster. Sie nehmen dafür nur Fingerfarben in den Grundfarben ...., ... und .... Alle anderen Farben mischen sie selbst. In einem sonnigen .... schreibt Fritz „Wir" über das Bild. Fenja schreibt in .... Buchstaben „machen". Das Wort „Ferien" bekommt Buchstaben in verschiedenen Farben. „Guckt euch mal dieses tolle .... für das F an!", ruft Kemal. .... ist seine Lieblingsfarbe. Carlotta und zwei andere Mädchen malen Fantasie-Blumen. „Haben wir auch .... Farbe?", will sie wissen. „Ich möchte ein zartes .... mischen." „Und ich ein richtig krasses ....!", ruft Kemal. Aber seinen Namen schreibt er lieber in tiefem .... Fritz schreibt seinen Namen .... dazu.

Hier kannst du deinen Erfolgssticker platzieren.

Nominalisierte Adjektive (2)

Adjektive, aber auch andere „kleine Wörter“, werden oft wie Nomen gebraucht. Dann musst du sie großschreiben. Du erkennst diese **Nominalisierung** am Artikel, der auch versteckt sein kann (vgl. S. 7 und 13). Auch **Signalwörter** zeigen dir an, dass du großschreiben musst: **alles, dieses, kaum, manches, nichts, viel, wenig.**

1 Entscheide, welches Wort im Satz du großschreiben musst und welches klein. Trage ein.

Carlotta und Fritz fahren mit Mama und Oma zum Badesee. Oma sagt: „Eine Fahrt ins (GRÜNE) ...., wie schön!“ Fritz zieht seine leuchtend (GRÜNE) .... Badehose an. Carlotta trägt zum ersten Mal ihren neuen Badeanzug. Er ist (ROT) .... mit winzig kleinen weißen Fischen darauf. „Dieses (ROT) .... steht dir aber sehr gut“, lobt Oma. Auch Fritz möchte gelobt werden. „Das (GUTE) .... an meiner Badehose ist, dass sie sogar vor Sonne schützt“, erklärt er. Oma staunt: „Es gibt wirklich sehr (GUTE) .... Erfindungen!“ Manchmal lebt Oma fast nur im (GESTERN) .... Dann erzählt sie viel von früher. Gerade (GESTERN) .... war es so. Doch (HEUTE) .... ist sie anders. Überall entdeckt sie etwas (SCHÖNES) ....
Mit den Kindern spielt sie auf der Decke Mau-Mau. Am Abend sagt sie: „So ein (SCHÖNES) .... Wetter! Überhaupt gab es

heute gar nichts (SCHLECHTES) ....!“ „Doch!“, ruft Fritz und lacht Oma an. „Du hattest beim Kartenspielen einmal ein furchtbar (SCHLECHTES) .... Blatt!“

TIPP

Adjektive findest du häufig als **Wortpaare**: *gut und schön, fern und nah, über kurz oder lang, durch dick und dünn gehen.* Du schreibst sie, wie alle Adjektive, klein.
Ausnahme: Werden **Menschen** mit ihnen beschrieben, schreibst du die Wortpaare groß: *Ein Spaß für Groß und Klein, Jung und Alt, Arm und Reich.*

2 **Verbinde die Satzanfänge mit einem passenden Satzende.**

Alle lieben den Zirkus, egal	viel Spaß für Jung und Alt!
Denn in dem dunklen Zirkuszelt	ja längst nicht mehr erlaubt!
Es kommen ja von fern und nah	mir, was ich sage, glaubt!
Und nur die allerkleinsten Kinder	sind alle Menschen gleich.
Hereinspaziert! Wir haben hier	die Großen und die Kleinen.
Doch wenn ihr uns're Tiger seht,	ob Arm oder Reich.
Ach, keine Angst, so etwas ist	da wird's euch heiß und kalt!
Ich teste nur, ob Groß und Klein	fangen an zu weinen.

Hier kannst du deinen Erfolgssticker platzieren.

Zahlen und Ordnungszahlen

Zahlwörter werden in der Regel **kleingeschrieben**:
*Schneewittchen kommt zu den **sieben** Zwergen hinter den **sieben** Bergen.*

In Verbindung mit einem Artikel werden **Zahlwörter** zu **Nomen**:
***Die Sieben** ist in vielen Märchen eine magische Zahl. **Eine Drei** kommt in Märchen auch oft vor.*

1 **Setze die passenden Zahlwörter richtig in die Lücken ein. Wende dabei die Artikel-Probe an. Es bleiben fünf Zahlwörter übrig.**

eins ▪ Eins ▪ Zwei ▪ drei ▪ Drei ▪ vier ▪ Vier ▪ acht ▪ Acht ▪ zehn ▪ Zehn ▪ hundert

„Schöne Schneckenhäuser sind nicht leicht zu finden. Wenn du eines findest, pass auf, dass keine Schnecke mehr darin lebt", erklärt Max. Er hat für sein Referat über Schnecken eine .... bekommen • Die .... spielt in vielen Märchen eine Rolle. Oft erfüllt eine Fee .... Wünsche. • Carlottas kleiner Bruder geht in die erste Klasse. „Wie viele Räder hat ein Auto?", fragt sie ihn. „Natürlich ....!", antwortet Fritz. „Und wie viele Räder haben zwei Autos?" Fritz malt eine schöne große .... in den Sand. „Und wenn man die Ersatzräder mitzählt, haben die zwei Autos sogar .... Räder!" Er konnte schon im Kindergarten bis .... zählen.

In Verbindung mit einem bestimmten oder unbestimmten Artikel werden **Ordnungszahlen (erster, zweiter, dritter ...)** zu Nomen:
Felix war beim Wettlauf ***der Erste/als Erster*** *im Ziel.*

Auch wenn der Artikel versteckt ist, musst du großschreiben:
Felix war Erster (= ***der*** *Erste), Carlotta ist mit knappem Abstand* ***(die)*** *Zweite geworden.*

TIPP Nicht immer gehört der Artikel zur Ordnungszahl! Achte genau darauf, zu welchem Wort der Artikel gehört:
Der *erste* ***Wettlauf*** *fand gestern statt. Felix war auch dieses Mal wieder* ***der Erste****.*

2 **Setze die fehlenden Anfangsbuchstaben richtig ein. Es sind drei kleine und neun große Buchstaben.**

Interview zum 200. Geburtstag

„Herr Dragolin, ...weihundert Jahre! Das ist für einen Drachen kein sehr hohes Alter, richtig?“ „Richtig. Ich, Dragolin der ......iebte, bin ein sehr junger Drache.“ „Dennoch gewinnen Sie bereits jedes Drachenturnier, richtig?“ „Richtig. Ich bin stets der ......rste und Beste.“ „Sie waren niemals ......weiter, ...ritter oder ......ierter?“ „Nein, niemals. Ich war das ......iebte Kind meiner Eltern. In allen anderen Fällen war und bin ich ausnahmslos ......rster.“ „Dafür sehen Sie nicht gerade glücklich aus ...“ „Das mag daran liegen, dass ich stets auch ......etzter bin. Ich bin sozusagen der ......etzte meiner Art. Der ......etzte Drache.“ „Oh, wie überaus traurig! Was wäre ihr größter Wunsch?“ „Einmal ......weiter zu sein!“

Hier kannst du deinen Erfolgssticker platzieren.

Geografische Namen

Einfache geografische Namen schreibst du groß: *Fliederweg, Norddorf, Berlin, Deutschland, Europa, Donau, Mittelmeer.*
Schwieriger sind **geografische Namen**, die aus **zwei Wörtern** bestehen:

- Städtenamen aus zwei Wörtern werden großgeschrieben, z. B.: ***N**ew **Y**ork, **M**exico **C**ity, **L**os **A**ngeles.*
- Geografische Namen mit der Endung **-er** schreibst du groß, z. B.: ***Hamburger** Hafen, **Nürnberger** Lebkuchen, **Wiener** Würstchen.*
- Geografische Namen mit der Endung **-isch** schreibst du klein: *italien**ische** Nudeln, dän**isches** Lakritz, engl**ischer** Tee.*

1 Groß oder klein? Streiche das Wort mit dem falsch geschriebenen Anfangsbuchstaben weg.

Hafengeburtstag in hamburg/Hamburg
Die elbe/Elbe ist ein Strom von mehr als 1 000 Kilometern Länge. Sie entspringt als kleines Flüsschen im riesengebirge/Riesengebirge in tschechien/Tschechien, fließt durch tschechische/Tschechische und deutsche/Deutsche Mittelgebirge, dann durch die flachen Ebenen norddeutschlands/Norddeutschlands, bis sie bei cuxhaven/Cuxhaven in die nordsee/Nordsee mündet. Der tschechische/Tschechische Teil ist mit rund 370 Kilometern deutlich kürzer als der deutsche/Deutsche Teil. Die Elbe fließt durch dresden/Dresden, dessau/Dessau und magdeburg/Magdeburg. Ein wichtiger Elbhafen ist der hamburger/Hamburger Hafen. Er liegt nicht an der See, gilt aber als Seehafen, denn Schiffe können, z. B. von new york/New York aus, direkt nach hamburg/Hamburg kommen. Große Schiffe werden von den hamburger/Hamburger Elblotsen begleitet.
Der Hafen ist über 800 Jahre alt. Die hamburger/Hamburger feiern jedes Jahr seinen Geburtstag. Dann gibt es entlang der elbe/Elbe

tolle Musik und für die Kinder große Karussells. Stände mit Essen aus aller Welt locken viele Besucher an: wiener/Wiener Würstchen, italiensiche/Italienische Pizza, türkische/Türkische Döner und dänisches/Dänisches Eis sind sehr beliebt. Wer einen feineren Geschmack hat, kann französische/Französische Muscheln und Austern probieren.

TIPP Achte auf diese **Ausnahme**: Wenn das Adjektiv eines geografischen Namens mit der Endung **-isch** zusammen mit einem Nomen einen **festen Begriff** bildet, musst du beide Wörter großschreiben: ***B**ayerischer **W**ald, **F**ranzösische **A**lpen, **A**tlantischer **O**zean, **K**aribisches **M**eer.*

2 Verbinde richtig.

stürmische	Alpen
Karibisches	See
atlantisches	Wattenmeer
Atlantischer	Ozean
französische	Meer
Französische	Wald
niedersächsisches	Tief
Bayerischer	Muscheln und Austern

Das ist ziemlich knifflig!
Im **g**riech**isch**en Schiff bei stürmischer See vom **A**tlant**isch**en Ozean über die Nordsee zum **H**ambur**ger** **H**afen …

Hier kannst du deinen Erfolgssticker platzieren.

Einsilbige Wörter mit kurzem Vokal

Viele einsilbige Wörter mit **kurzem Vokal** (Selbstlaut) haben am Ende nur einen **Konsonanten**. Du musst diese **Merkwörter** auswendig lernen. Die meisten kennst du: *ab, am, an, bin, bis, Bus, das, der, des, dran, drum, er, es, fit, hat, hin, Hit, im, in, Lok, man, mit, ob, ran, Rum, um, vom, von, was, weg, zum, zur.*

1 Ein Wort ist jeweils falsch. Streiche es weg.

a) nass – das – Fas – Ass
b) Kuss – muss – Buss- Nuss
c) Damm – Lam – Kamm – am
d) dumm – zum – Mum – um
e) Guss – Schus – Bus
f) dess – es – Stress
g) bis – Biss – ris – Riss
h) mit – Hit – Schritt – fitt

2 Unterstreiche alle 22 Wörter, die richtig geschrieben sind.

a) lass – nass – dass – wass
b) wann – kann – Man – man
c) derr – Herr – herr – der
d) stumm – Stamm – stramm
e) Kinn – binn – Sinn – Zinn
f) hat – glat – matt – Watt
g) Spann – spann – Bann – mann
h) satt – statt – stat – sat

3 **Setze die passenden Wörter ein. Lies dir den Text erst einmal ganz durch, bevor du die Wörter einsetzt.**

am ■ Bis ■ bis ■ Biss ■ Biss ■ das ■ das ■ dass ■ dass ■ dass ■ im ■ ins ■ man ■ Mann ■ Was ■ was

Felix wurde von einer Katze in die Hand gebissen. Es ist keine schlimme Wunde, aber seine Mutter sagt: „Ich möchte, ... der Arzt sich .... einmal ansieht." „Es ist gut, ... du in die Praxis gekommen bist", sagt der Doktor. „So ein .... kann sich leicht entzünden. Denn .... für Bakterien ein Tier im Speichel hat, kann .... nicht wissen. Der Arzt desinfiziert die Wunde und legt einen leichten Verband an. „Ist der .... denn wohl .... Mittwoch verheilt?", fragt Felix. Der Arzt lächelt Felix freundlich an: „...................... ist denn .... Mittwoch?", fragt er. „Da ist .... große Spielfest .... Schwimmbad", antwortet Felix. „...................... dahin solltest du wieder .... Schwimmbad gehen können", sagt der Doktor. Fass aber lieber keine Tiere mehr an, die du nicht gut kennst, Felix." Felix findet, ... der Arzt ein sehr netter .... ist. Vielleicht möchte Felix später selbst einmal Arzt werden.

TIPP Der Unterschied *das/dass* wird auf S. 38-39 ausführlich behandelt. Hier ist nur ein *das* als Artikel dabei. Pass auf, es steht vor einem Adjektiv!

Hier kannst du deinen Erfolgssticker platzieren.

Doppelkonsonanten

Zur Erinnerung: Nach einem kurz gesprochenen Vokal (a, e, i, o, u) oder Umlaut (ä, ö, ü) musst du in mehrsilbigen Wörtern immer zwei Konsonanten schreiben. (In manchen Fällen sogar drei!) Beispiele:
*Fu**nk**e, Ka**nt**e, Kü**st**e, Mä**nt**el, Strü**mpf**e, Vö**lk**er.*
Hörst du nach dem Vokal oder Umlaut nur **einen** Konsonanten, dann musst du ihn beim Schreiben **verdoppeln**:
*Gu**rt**e* aber *gu**rr**en*, *Ka**nt**e* aber *ka**nn***, *Kü**st**e* aber *Kü**ss**e*, *Mä**nt**el* aber *Mä**nn**er*, *Strü**mpf**e* aber *stra**mm***, *Vö**lk**er* aber *vö**ll**ig*.

1 **Streiche die falsch geschriebenen Wörter durch.**

Fenja hat eine junge Katze/Kattze bekomen/bekommen. Ale/Alle Freunde wollen/wolen sie kenenlernen/kennenlernen. „Wie heißt sie den/denn?“, wil/will Fritz wisen/wissen. „Sissi“, antwortet Fenja. „Das Tole/Tolle an Katzen ist, dass sie schnuren/schnurren könen/können“, findet Kemal. Er streichelt Sissi über das glate/glatte weiche Fel/Fell. Sissi schnurt/schnurrt. „Warum kratzt sie dich nicht?“, fragt Fenja. Fenjas Arme sind vol/voll roter Schramen/Schrammen. „Achte auf ihre Augen und auf ihren Schwanz/Schwannz“, erklärt Kemal. „Dan/Dann siehst du gleich, wen/wenn sie wild/willd wird. Dan/Dann nim/nimm ganz/gannz schnel/schnell deine Hand/Hannd weg!“ Carlotta staunt, was Kemal weiß. Er ist der neteste/netteste Junge, den sie kennt.

2 **Setze die passenden Doppelkonsonanten ein. Trage anschließend die Wörter in die Tabelle unten ein.**

TIPP Jeder Doppelkonsonant fehlt genau zweimal!

Ein brauner Käfer in Panto ff eln sta......... t im Beet auf den Salat.
Und er bru......................... t: „Gäb's hier Karto.........eln,
wü.........te ich mir guten Rat!
Kö....................t' mich durch die Schale fre.........en,
bis ins he.........e Gelb hinein.
Was soll nur an diesen schla.............en,
dü..............en Blä.........ern lecker sein?"
Keinen Schi.........................er hat der He.........!
Eine schicke Schnirkelschnecke kriecht mit größtem A..............etit
schne.........stens um die nächste Ecke.
Frisst in jedes Bla......... ein Loch!
Sieh mal an: Salat schmeckt doch!

ff	ll	mm	nn
Pantoffeln			
pp	**rr**	**ss**	**tt**

Hier kannst du deinen Erfolgssticker platzieren.

Wörter mit kurzem Vokal

Doppelkonsonanten bei gebeugten Verben

Die Regel lautet: Wenn du nach einem kurzen Vokal eines einsilbigen Wortes zwei oder mehr Konsonanten hörst, schreibst du einfache Konsonanten. Beispiele: *Zi**mt**, A**mt***.
Bei manchen **Formen von Verben** musst du nach einem kurzen Vokal einen **Doppelkonsonanten** schreiben, obwohl du zwei oder sogar drei Konsonanten hören kannst:
*Ich weiß dass es sti**mmt***. Aber: *Sie mag keinen Zi**mt***.
*Die Autotür ist verschra**mmt***. Aber: *Das Auto parkt vor dem A**mt***.
Dies ist meistens so, wenn das Verb in der **Grundform** einen **Doppelkonsonanten** aufweist: *sti**mm**en, schra**mm**en, kö**nn**en*.

1 **Ergänze die Tabelle. Beachte die Doppelkonsonanten. Streiche Felder durch, für die es kein sinnvolles Wort gibt.**

Grundform	du ...	es ...	ge...	ver...
knarren		knarrt		
müssen	musst		gemusst	
		passt		verpasst
rennen				verrannt
schaffen	schaffst			
		stimmt		verstimmt
tippen	tippst		getippt	
zerren		zerrt		verzerrt

2 Finde 18 Fehler, die sich hier eingeschlichen haben.

Fenja, Max, Kemal, Carlotta und Fritz übernachten auf dem Heuboden von Fenjas Cousine Paula. Als es dunkel wird, müssen sie eine wackelige Leiter hinaufklettern. „Vergest nicht, zuerst zur Toilette zu gehen!“, sagt Paula. „Stimt, diese Leiter möchte ich nachts nicht hinuntermüssen“, meint Fritz. „Aber wenn nun einer von uns wirklich mal müste?“, fragt Carlotta. „Notfalls steht oben ein Töpfchen“, lacht Tante Lina. „Wilst du vielleicht aufs Töpfchen, Tante Lina?“, fragt Fenja entsetzt.

Da sagt Tante Lina: „Also, wenn ihr damit nicht zurechtkomt, müste ich wohl bei euch schlafen. Oder Kurt.“ Aber die Kinder wollen lieber alleine sein. Licht gibt es oben nicht. „Könten wir vielleicht ein Windlicht anzünden?“, fragt Max. Er läst zum Einschlafen immer sein Licht an. „Nein, Max, offenes Feuer ist zu gefährlich auf dem Heuboden. Du wilst doch bestimmt nicht, dass es brent!“ Die Kinder kuscheln sich in ihre Schlafsäcke.

Als es fast dunkel ist, komt Fritz zu Carlotta herangerobt. Er zert an ihrem Schlafsack. „Kann ich bei dir schlafen? Da knart immer irgendwas.“ „Meinetwegen, wenn du leise bist.“ „Das Knarren hab ich auch gehört!“, flüstert Max aufgeregt. „Ich tippe mal, ihr Jungs schaft es nicht, hier oben im Heu einzuschlafen“, sagt Paula und gähnt. „Wenn du dich da mal nicht vertipst“, lacht Kemal. „Wir sind die weltbesten Heubodenschläfer der Welt!“ „Einmal Welt reicht, Kemal“, kichert Carlotta. „Ach ja! Egal. Schlaft gut, sonst verpast ihr die schönsten Träume! Das Knarren ist übrigens Paulas Katze. Sie liegt auf meinem Bauch und schnurt.“ Alle lauschen und schlafen gemütlich ein.

Hier kannst du deinen Erfolgssticker platzieren.

Wörter mit ck und tz

Für **Wörter mit ck und tz** gilt dieselbe Regel wie für Wörter mit Doppelkonsonanten (siehe S. 18-19).
In der deutschen Sprache haben wir kein kk und kein zz. Stattdessen schreibst du **nach kurzen Vokalen ck** und **tz**.

1 Setze passende Wörter mit ck oder tz aus der Wörterliste ein.

Blitz ▪ dickem ▪ Fritz ▪ Frühstück ▪ geknackten ▪ geleckt ▪ leckere ▪ Platz ▪ schlecken ▪ Schmeckt ▪ Schreck ▪ sitzt ▪ trocken ▪ verschluckt ▪ Zucker

Fenja hat ihre Freunde zum ....

eingeladen. Es gibt Müsli. Papa hat vom Markt

.... Erdbeeren und Bananen mitgebracht.

Fenja stellt auf jeden .... einen Teller

und legt einen Löffel dazu. In der Tischmitte steht neben einer

Schüssel mit Vollkorn-Müsli extra eine Schale mit frisch

.... Nüssen. In einem Krug aus

.... Glas ist Milch. „Braucht ihr

.... für die Erdbeeren?“, fragt Papa.

„Erdbeeren sind doch schon süß“, lacht Kemal. Sein kleiner

Bruder Alan mag keine Milch und knabbert das Müsli einfach

.... aus der Hand. „..
das denn so überhaupt?“, fragt .... „Sieht man
doch!“, meint Fenja. Sissi .... auf Fenjas Schoß
und möchte an ihrem Müsli .... „Lieber
nicht“, meint Kemal, „du weißt nicht, woran sie heute schon
.... hat!“ Carlotta muss darüber lachen,
.... sich und hustet. Sissi rast davon wie
der ....! Sie hat einen ordentlichen ....
bekommen.

TIPP Merke dir diese **Ausnahmen mit kk**:
Akku, Akkusativ, Akkord, Akkordeon, Mokka.
Merke dir auch die **Ausnahmen mit zz**:
Pizza, Puzzle, Skizze.

2 **Finde die fehlenden Reimwörter. Es sind immer zwei kurze Wörter (eine oder zwei Silben) und ein langes (drei oder vier Silben) mit ck oder tz.**

Katze		Luftmatratze
Grütze	Pfütze	
		Bienenstock
Fritz		

Katze, Tatze, Kugelblitz!?
Nein, das geht nicht,
war nur'n Witz!

Hier kannst du deinen Erfolgssticker platzieren.

Wörter mit s oder ss

Den Unterschied von **Wörtern mit s oder ss** in der Wortmitte kannst du sehr gut hören, denn **ss** wird schärfer ausgesprochen als das einfache **s**: *Ha**s**en – (etwas) ha**ss**en, Na**s**e – na**ss**e (Socken).*

1 Setze s oder ss ein.

Carlotta und Fritz haben drei Kaninchen im Garten. Fritz nennt sie: „Unsere drei Ha..........en“. Heute ist er mit Füttern dran gewe..........en, hat es aber verge..........en. „Sie waren ja im Freigehege und konnten Gras fre..........en“, entschuldigt er sich. Carlotta erklärt: „Sie sind aber daran gewöhnt, abends Körner und Heu zu e..........en.“ „Ja, ich weiß. Tiere e..........en aber nicht, sie fre..........en, sagt Papa.“ Carlotta legt das Heu in den Käfig und die Ha..........en hoppeln hinein. Fritz füllt die Trinkflaschen mit frischem Wa..........er. Er pflückt eine extra große Portion Löwenzahn. Fritz hat ein schlechtes Gewi..........en und möchte es wiedergutmachen. Er hält den Kaninchen die Blätter direkt vor ihre Na..........en. Die Kaninchen sollen wi..........en, dass er sie sehr gern hat. Er wollte sie nicht vernachlä..........igen.

TIPP

Manchmal musst du bei **Verben** vor einem *t* ein *ss* schreiben, das man **nicht** hören kann:
*Die La**st** ist schwer.* Aber: *La**sst** das bitte sein!*
*Ich kann es fa**st**.* Aber: *Fa**sst** du bitte mit an?*
*Es **ist** ein schöner Tag.* Aber: *Sie **isst** ein Eis.*
Dies ist so, wenn die **Grundform des Verbs** mit *ss* geschrieben wird: *la**ss**en, fa**ss**en, e**ss**en* (vergleiche auch S. 20-21).

2 Schreibe die Grundform der Verben auf.

du musst: müssen .... er isst: ....

ihr lasst: .... sie misst: ....

es passt: .... ihr verlasst: ....

du vermisst: .... ihr wisst: ....

3 Finde passende Wörter mit s/ss. Nicht alle Wörter sind Verben.

	s	**ss**
Im Unterricht muss man immer gut		aufpassen
Deshalb brauchen Kinder zwischendurch		
In der Bücherei können sie Bücher ausleihen und		
Fritz sucht ein Tierbuch. Er will mehr über Haustiere		
Die Seiten über Aquarien findet Fritz besonders		
Dass die Wassertemperatur so wichtig ist, hat er nicht		

Hier kannst du deinen Erfolgssticker platzieren.

Lang gesprochenes a, e und o

Die Schreibweisen für Wörter mit langen Vokalen sind uneinheitlich. Es gibt Regeln, aber einiges musst du auswendig lernen und dir gut merken. Wenn du den **Wortstamm** von Wörtern kennst, kannst du sie dir viel leichter merken.

1 Lies die Wörter mit den langen Vokalen a, e und o. Welche drei verschiedenen Schreibweisen findest du bei diesen Wörtern?

Wörter mit langem a:
Name, Paar, schlafen, Vater, Zahn, Waage, fahren, Bahn, Haar

Wörter mit langem e:
Lehrer, Beet, heben, lesen, Fee, legen, Tee, verzehren, Ehre

Wörter mit langem o:
holen, Lohn, Zoo, Brot, Mohn, Boot, Mode, Moos, Bohne

a) Auf das lange a, e oder o folgt ein m, ...

....

Hier kannst du die Buchstaben aufzählen oder den passenden Oberbegriff wählen. Beides ist richtig.

b) Auf das lange a, e oder o folgt ein ....

....

Hier geht es um einen ganz bestimmten Buchstaben. Kennst du den Fachbegriff?

c) Auf das lange a, e oder o folgt ein weiteres ....

2 **Trage die Wörter aus Aufgabe 1 in die Tabelle ein.**

Wörter mit einfachem Vokal	Wörter mit Dehnungs-h	Wörter mit doppeltem Vokal

3 **Ergänze die Sätze mit Wörtern aus der Tabelle. Verändere die Wörter, wenn es nötig ist, bilde zum Beispiel die Mehrzahl oder füge einen Artikel hinzu. Streiche weg, was nicht passt.**

a) Am liebsten sitze ich gemütlich ~~in~~/im Moos und ....

b) Mit einem Loch im .... kann man nicht gut ....

c) Manche .... haben sehr seltsame ....

d) In den Ferien werde ich viel und lange ....

Außerdem .... ich mit .... bei/zu Oma und Opa.

Hier kannst du deinen Erfolgssticker platzieren.

Langes u und lange Umlaute (ä, ö, ü)

Beim langen a, e und o gibt es drei verschiedene Schreibweisen: mit einfachem Vokal, mit Dehnungs-h oder mit doppeltem Vokal (siehe S. 26-27).
Bei Wörtern mit **langem u** oder **langem Umlaut (ä, ö, ü)** entfällt die Schreibweise mit doppeltem Vokal. Ein doppeltes u gibt es nicht. Auch ein doppeltes ä, ö oder ü gibt es nicht. Beim langen u gibt es also **nur zwei verschiedene Schreibweisen**. Das gleiche gilt für ä, ö und ü:

Einfacher Vokal: H**u**t, B**ä**r, b**ö**se, Bl**ü**te
Dehnungs-h: **Uh**r, z**äh**men, F**öh**n, M**üh**le

1 Sortiere die Wörter mit langem u oder ü in die Tabelle ein.

Blüte ■ Buhne ■ Bühne ■ führen ■ Hut ■ Juli ■ Kübel ■ Kuhle ■ kühl ■ lügen ■ Mühle ■ Mut ■ natürlich ■ nur ■ Ruhm ■ Uhr

Einfache Schreibweise (u oder ü)		**Schreibung mit Dehnungs-h (uh oder üh)**	

2 Setze passende Wörter aus der Tabelle ein.

Im Sommer ist es morgens manchmal noch ziemlich .... Im .... und August ist es aber meistens um elf .... warm. .... nicht, wenn es, wie heute, wie aus .... gießt. Fenja und Max suchen nach dem Regen Schnecken im Garten an der großen .... An der .... einer Rose spiegelt sich die Mühle in einem dicken Regentropfen.

3 Unterstreiche alle Wörter mit langem ä und ö.

Die böse Hexe benutzte den schönen jungen Drachen einfach als Föhn! Er musste warme Luft auf ihr rötliches Haar blasen, bis ihm fast die Puste ausging. Der Drache fand das blöd. Da kam ein Bär vorbei und rief: „Ja, ist es denn die Möglichkeit! Sie sollten sich schämen, das arme Tier auszubeuten, nur um ihre rote Mähne zu trocknen!" „Wäre er nicht viel größer als ich", dachte die böse Frau, „könnte ich ihn zähmen und er müsste für mich arbeiten." Im nächsten Moment stand sie wie gelähmt vor Schreck da. Der Drache hatte ohne böse Absicht ein wenig Feuer gespuckt. Der Schrei der Hexe war weithin zu hören. Der Bär holte Wasser und löschte die Flammen im rötlichen Haar der bösen Frau. Nun hatte sie nur noch kurze Stoppeln statt ihrer prächtigen Mähne auf dem Kopf. Weiter war ihr nichts Böses geschehen. „Danke, Bär, du hast mir das Leben gerettet", sagte sie mürrisch. „Du hast einen Wunsch frei." Der Bär sagte: „Wenn ich den Drachen befreien dürfte?" Sie nickte. Der Bär und der schöne Drache zogen fröhlich davon.

4 Schreibe die Wörter mit langem ä und ö auf.

Einfache Schreibweise: böse, ...

....

....

Schreibweise mit Dehnungs-h: Föhn, ...

....

Hier kannst du deinen Erfolgssticker platzieren.

Doppelvokale

Das lang gesprochene a, e und o wird manchmal als **aa**, **ee** und **oo** geschrieben. Es gibt nur wenige Wörter, die so geschrieben werden. Merke sie dir gut.

1 **Diese Wörter werden mit aa geschrieben. Setze die passenden Wörter in die Lücken des Textes ein. Vier Wörter bleiben übrig.**

Aal ■ Aas ■ Aas ■ Haar ■ paar ■ Paar ■ Saal ■ Saat ■ Saatgut ■ Saatkrähen ■ Saatkrähen ■ Staat ■ Waage

.... sind nicht besonders beliebt. Sie fressen das .... von den Feldern. Früher bestand ihre Nahrung auch aus Schädlingen. Dadurch hielten sich für die Bauern die Schäden und Vorteile durch die Krähen die .... Durch den Einsatz von chemischen Mitteln gegen Schädlinge fehlt es den Krähen heute an Nahrung. So fressen sie Feldfrüchte. .... sind sehr kluge und soziale Tiere. Männchen und Weibchen bleiben ihr ganzes Leben als .... zusammen. Und wie würde es ohne Krähen an unseren Straßenrändern aussehen? Krähen fressen nämlich auch ...., also tote Tiere. Wird ein kleines Tier von einem Auto überfahren, tauchen sofort ein ....

Krähen auf, die das .... fein säuberlich auffressen. Man sollte also ruhig einmal ein gutes .... an ihnen lassen!

2 **In der Wörterliste findest du Wörter mit lang gesprochenem e, die mit ee geschrieben werden. Setze die Reimwörter ein.**

Allee ■ Armee ■ Beere ■ Beet ■ Fee ■ Heer ■ Idee ■ Kaffee ■ Klee ■ leer ■ Meer ■ Moschee ■ Schnee ■ See ■ Seele ■ Speer ■ Tee ■ Teer

Viele Soldaten bilden ein Heer,
der Leichtathlet wirft einen ....

Die Straßendecke ist aus Teer,
viel schöner aber ist's am ....
Hier sitze ich im grünen Klee
und wünsch' mir eine gute ....
Die bringt mich an die schöne ....,
da schwimm' ich erst, dann trink' ich ....
Und keine Limonade – das ist wirklich schade!

3 **Lies den Tipp und schreibe die sechs Wörter auf.**

TIPP Es gibt nur wenige Wörter mit **oo** für das lang gesprochene o. Fünf davon kennst du längst: *Boot, doof, Moor, Moos, Zoo*. Ein *Koog* ist eingedeichtes Land, das dem Meer abgerungen wurde. Dieses Wort kennt man besonders an der Nordsee.

....

....

Hier kannst du deinen Erfolgssticker platzieren.

Lang gesprochenes i

Für Wörter mit einem **lang gesprochenen i** gibt es **vier verschiedene Schreibweisen**. Die häufigste Schreibweise ist die mit **ie**:
hier, Liebe, sieben.
Das **Dehnungs-h nach i** kommt hauptsächlich in Pronomen vor:
ihr, ihm, ihnen.
Viele Wörter schreibst du mit einem **einfachen i**. Oft sind es Gäste aus anderen Sprachen. Du musst sie dir gut merken:
Fabrik, Apfelsine, Maschine.
Selten ist die Schreibweise mit **ieh**, zum Beispiel im Wort *Vieh*.

1 Markiere alle 44 Wörter mit einem lang gesprochenen i.

„Kommt ihr mit zum Markt?“, fragt Kemal seine Freunde. „Es ist Kirschenzeit!“ „Oh ja, ich liebe Kirschen!“, ruft Fritz. An einem Stand mit großen, roten Kirschen sagt Kemal: „Die hier sehen am besten aus.“ Ein Kilo kostet 7,80 Euro. Die Marktfrau sieht nett aus. „Wie teuer ist eine große Tüte Kirschen für uns alle?“, fragt Max. „Wie viele seid ihr denn?“ „Sieben“, antwortet Kemal. „Wir sind doch nur sechs“, meint Fritz. „Alan isst auch gern Kirschen, ich bringe ihm welche mit“, sagt Kemal. Seinen Bruder vergisst er nie. „Wie groß soll die Tüte denn sein?“ „Riesengroß!“, antwortet Fritz. Die Verkäuferin lacht. „Dies ist die größte“, sagt sie und zeigt ihnen eine Papiertüte. „Da passen eineinhalb Kilo hinein. Für Alan bekommst du eine kleine Extratüte“, sagt sie zu Kemal, „die schenke ich dir, weil du so nett an ihn denkst.“ „Dann kann ja jeder von uns ein halbes Pfund Kirschen essen“, freut sich Felix. Die Verkäuferin lobt ihn: „Du bist aber gut im Rechnen! Weißt du auch, was ihr für die große Tüte bezahlen müsst?“ „Ziemlich viel, um die zwölf Euro!“, antwortet Felix. „Genau. Aber so nette Kinder wie ihr zahlen nur die Hälfte.“ „Wenn jeder einen Euro gibt, kommt es genau hin“, erklärt Fritz. Die Verkäuferin staunt. „Ihr seid ja richtige Rechengenies!“

Mein Stickerbogen

Für jede gelöste Doppelseite in diesem Arbeitsheft darfst du dich mit einem **Erfolgssticker** belohnen.
Suche dir einfach einen Sticker aus und klebe ihn in das dafür vorgesehene Feld am Ende jeder Doppelseite.

Illustrationen: Hans-Jürgen Feldhaus

6.990.212

2 **Schreibe aus dem Text von Seite 32 jedes Wort mit ie jeweils einmal auf. Es sind 15 verschiedene Wörter.***

liebe, die, ...

....

....

....

....

3 **Wie viele verschiedene Pronomen mit ih findest du in dem Text? Schreibe sie jeweils einmal auf.**

....

4 **Vier Wörter mit lang gesprochenem i werden im Text mit einem einfachen i geschrieben. Schreibe sie auf.**

....

5 **Welches Wort mit ieh hast du gefunden? Schreibe es auf.**

....

* Tipp: Zur Bearbeitung kannst du den Stickerbogen vorsichtig aus dem Heft lösen.

Hier kannst du deinen Erfolgssticker platzieren.

Das ß nach langem Vokal oder Umlaut

Nach lang gesprochenen Vokalen oder Umlauten schreibst du das **scharfe s** in der **Wortmitte** immer als **ß**: *die große Straße, bloße Füße*.

1 **Setze passende Wörter mit ß aus der Wortliste in die Lücken.**

Bloß ▪ begrüßt ▪ Floß ▪ großen ▪ großes ▪ Landstraße ▪ Straße

Im Ferienprogramm können die Kinder zusammen ein echtes .... bauen. Treffpunkt ist der Steg am .... See. Der Weg dorthin ist kurz, die Kinder müssen nur ein paar Minuten auf dem Radweg an der .... fahren. Ruben, der Erzieher, ... die Kinder. Carlotta findet es schade, dass sie das einzige Mädchen ist. Alle freuen sich aufs Bauen. Ein paar kleine Baumstämme liegen schon am Seeufer. Fritz ist sauer. .... weil er kein Schwimmabzeichen in Bronze hat, darf er nicht mitmachen. Enttäuscht steigt er auf sein Rad. „Ich fahre mit“, sagt Kemal, „an der .... solltest du nicht alleine fahren.“ „Dann bis gleich, Kemal“, ruft Ruben. Die Kinder verbinden die Stämme mit Tauen. Nach einiger Zeit sehen sie Kemal und Fritz heranfahren. Beide haben nasse Haare. Fritz strahlt. Stolz zeigt er sein Bronzeabzeichen. „Solch einen Freund zu haben ist ein .... Glück“, sagt Ruben, „klasse, ihr zwei!“

Das **scharf gesprochene s** nach langem Vokal wird am **Wortende** oft, aber nicht immer, mit ß geschrieben. Um hier die richtige Schreibweise zu finden, brauchst du deshalb **Hilfswörter**. Diese findest du, indem du die Wörter verlängerst: Bilde bei **Verben die Grundform**: *er las – lesen, er aß – essen*. Bilde bei **Nomen die Mehrzahl** oder finde ein **verwandtes Wort** aus der Wortfamilie: *Floß – fließen, Fuß – Füße, Kies – Kiesel, (Apfel-)Mus – musen.* **Adjektive** kannst du **steigern**: *fies – fieser, groß – größer.*

TIPP Denk dran: Wenn das verwandte Wort ein ss hat, **wird daraus nach langem Vokal ein ß**. Manchmal brauchst du etwas Fantasie, um ein Hilfswort zu finden: *er sas* oder *er saß*? Das Verb *sitzen* hilft dir da nicht! Aber schau mal auf meinen gemütlichen

....!

2 **Setze s oder ß am Wortende ein und notiere dein Hilfswort.**

Trage ein:	Dein Hilfswort
der Gru ß	die Grüße, grüßen
das Gra........	....
das Ma........	....
der Spie........	....
Der Wind blie........ .	....
Er hie........ Fritz.	....
Lie........ mal vor!	....
Er sa........ .	....

Hier kannst du deinen Erfolgssticker platzieren.

Zum Verwechseln ähnlich!

Mann/man und Paar/paar

Viele Kinder verwechseln die Wörter **Mann** und **man**. Dabei ist es nicht schwierig, sie zu unterscheiden. Wenn es um einen **bestimmten Mann** geht, den du sehen und beschreiben kannst, schreibst du **Mann**:
Der Mann von gegenüber. • Ein netter Mann. • Welcher Mann?
Das Wort **man** dagegen meint **alle**: *Das muss man sich merken.*

1 **Mann oder man? Lies und setze dabei das richtige Wort ein.**

Das Wort **Mann** braucht immer einen Artikel: der .... oder ein .... Manchmal ist der Artikel versteckt: Ich sitze beim .... meiner Schwester. In Fragesätzen versteckt sich der Artikel in den Fragewörtern: Welchen .... meinst du? Ich sehe keinen ....!
Das kleine Wort **man** meint alle oder jeden: Bei roter Ampel darf .... die Straße nicht überqueren. Auch als Radfahrer darf .... es nicht. Selbst wenn kein Auto kommt, muss .... warten, bis Grün aufleuchtet. Gestern stand Fenja an der Ampel. Ein älterer .... ging einfach bei Rot los. Fenja rief: „Bei Rot darf .... aber nicht gehen!“ Der alte .... zuckte zusammen und kehrte um. „Da hast du recht“, gab er zu. „Ich danke dir. Ich war in Gedanken.“ Dann wartete er mit Fenja auf Grün. So etwas erlebt .... nur selten.

Viele Kinder verwechseln die Wörter **Paar** und **paar**. Du unterscheidest sie so: Immer wenn **genau zwei** Dinge oder Menschen **zusammengehören**, schreibst du **ein Paar**:
*Im Schrank stehen drei **P**aar Schuhe.*
*Die neuen Nachbarn sind ein nettes **P**aar.*
Geht es dagegen um **einige oder mehrere** Menschen oder Dinge, schreibst du **ein paar**:
*Ein **p**aar Kinder stehen an der Kasse zum Schwimmbad. Sie müssen aber nur ein **p**aar Minuten warten.*

2 Ein Paar oder ein paar? Lies und setze dabei richtig ein.

Ein Liebespaar ist ein ...., das sich liebt. Lisas Eltern sind ein ...., genauso wie ihre Zwillingsgeschwister. Zusammengehörige Schuhe oder Socken sind auch ein .... • Wenn mehrere Kinder zusammen spielen, bleiben oft ein .... Dinge liegen. Heute waren Max, Felix, Kemal und Carlotta bei Fenja zum Spielen. Als sie gehen wollen, liegen noch ein .... Socken auf dem Boden. Max fischt seine heraus und rollt sie zu einem .... zusammen. „Dies sind Carlottas“, sagt Fenja und legt das rot und weiß geringelte .... aufs Bett. Dann zieht sie ihre Socken an. Nun liegt noch eine grüne und eine blaue Socke auf dem Boden. „Da fehlen doch zwei“, sagt Fenja. Kemal lacht: „Nein, Ich bin barfuß gekommen.“ Felix grinst und schnappt sich das ungleiche .... „Wer sagt, dass beide Socken gleich sein müssen?“, fragt er.

Hier kannst du deinen Erfolgssticker platzieren.

Zum Verwechseln ähnlich!

das und dass

Die Unterscheidung von **das** und **dass** ist nicht einfach. Der Artikel und das Fürwort **das** sind häufiger als das Bindewort **dass**.
Wenn du *dieses*, *jenes* oder *welches* sinnvoll einsetzen kannst, schreibst du **das**:
Das (dieses) ist nicht ***das (jenes)*** *Haus,* ***das (welches)*** *ich meinte.*
Das Bindewort **dass** verwendest du nur, wenn du zwei Sätze zu einem verbinden möchtest. Es steht immer zusammen mit Verben wie *behaupten, denken, finden, glauben, hoffen, meinen, wissen*. Dabei kann **dass** auch am Satzanfang stehen:

Zwei Sätze: *Du kannst* ***das****. Ich weiß es.*
Ein Satz: *Ich weiß,* ***dass*** *du das kannst.* Oder:
Dass *du das kannst, weiß ich.*

1 Setze das oder dass richtig ein.

Fenja und Fritz sitzen in Fenjas Zimmer und puzzeln. Beide lieben .... große Wal-Puzzle. Plötzlich fragt Fritz: „Fenja, glaubst du, ... Carlotta in Kemal verliebt ist?“ „Woher soll ich .... wissen?“, fragt Fenja. „Ich dachte, ... ihr beste Freundinnen seid“, meint Fritz, „da weiß man .... doch.“ „Und ich denke, ... du es eher wissen müsstest als ich, du bist ihr Bruder. Wie kommst du denn darauf?“ „Wenn Kemal und ich spielen, kommt sie zu uns ins Zimmer. .... hat sie sonst nie gemacht. Wenn er sie anguckt, lächelt sie. Immer!“ „Kann schon sein, ... sie ein bisschen verliebt ist. Kemal finden ja alle gut.“ Fritz lacht. „Klar, ich auch! Aber .... heißt nicht, ... ich in ihn verliebt bin!“

TIPP Die Sache mit **das** und **dass** ist wirklich knifflig! Zum Beispiel steht **dass** immer zusammen mit Verben wie *meinen, glauben, wissen* und so weiter. Aber nicht nach jedem *meinen, glauben* oder *wissen* steht **dass**! Glaube mir, ich weiß **das**!

2 Verbinde die Sätze richtig.

Fenja findet,	dass das Puzzle schön ist.
Fritz meint	dass Fritz gut puzzeln kann.
Beide finden,	das auch.

Fritz vermutet,	das eher nicht.
Fenja glaubt	dass Carlotta verliebt ist.

TIPP Oft musst du nach einem Komma **dass** schreiben, aber **nicht immer**! Beachte, ob du *dieses, jenes* oder *welches* einsetzen kannst. Wenn ja, musst du **das** schreiben: *Das Kind, das (welches) fröhlich lacht, hat heute Geburtstag.*

3 Streiche das falsche Wort durch.

„Schade, **das/dass** wir nach den Ferien nicht mehr in dieselbe Schule gehen“, sagt Kemal.
„Ich finde, **das/dass** ist nicht so schlimm, Kemal“, meint Fritz.
„Carlotta sagt auch, **das/dass** eine gute Freundschaft das aushält.“
„Ja, **das/dass** hoffe ich sehr!“

Hier kannst du deinen Erfolgssticker platzieren.

Zum Verwechseln ähnlich!

Die Wörter seid, seit, seitdem und seit dem

Den Unterschied zwischen **seid** und **seit** kannst du dir leicht merken.

Das Wort **seid** leitet sich vom Hilfsverb sein ab: *ich bin, du bist, er/sie/es ist, wir sind, ihr* ***seid***. Deshalb findest du das Personalpronomen *ihr* fast immer in der Nähe von **seid**:
Da ***seid ihr*** *ja!* • ***Seid ihr*** *bereit?* Ausnahme: ***Seid*** *bitte leise!*

Das Wort **seit** markiert einen **Zeitpunkt**:
Seit gestern *kann ich Skateboard fahren.* • *Wir leben hier* ***seit*** *meiner* ***Geburt***. • ***Seit 1945*** *lebt Europa im Frieden.*

1 Setze seid oder seit ein.

Das große Sportfest findet .... zehn Jahren jeden Sommer statt. Zum Jubiläum gibt es einen Staffellauf. Felix, Max, Kemal und Paul aus der 1. Klasse sind im Team mit zwei älteren Jungen. Der eine Junge fragt: „...................... wann laufen Erstklässler Staffel?“ Er sieht Paul von oben herab an. „Wenn wir Letzte werden, liegt's an dem Kleinen.“ Fenja steht bei den Jungen. „Ihr .... gemein!“, sagt sie. „Ihr .... wohl nie jünger gewesen?“ „Alle Teams haben ältere und jüngere Läufer“, meint Max. Paul erklärt: „...................... dem Zeugnis bin ich sowieso Zweitklässler. Da steht: Paul wird versetzt in die zweite Klasse.“ Max' Vater ruft: „...................... ihr bereit?“ 24 Kinder warten auf das Startkommando: „Achtung, fertig, los!“ Die sechs Jungen siegen ganz knapp. „Jetzt .... ihr ja wenigstens netter zu Paul“, grinst Fenja. Paul grinst auch: „Ja, ... sie wissen, dass ich schnell bin!“

TIPP

Statt **seit** kannst du auch **seitdem** schreiben:
Seit *ich in der neuen Schule bin, lerne ich gern.* Oder:
Seitdem *ich in der neuen Schule bin, lerne ich gern.*
In nachgestellten Nebensätzen kann **seitdem** auch allein stehen:
Ich besuche eine neue Schule, ***seitdem*** *lerne ich gern.*
Folgt ein **Datum**, musst du getrennt schreiben:
Seit dem *1. August gehe ich auf das Gymnasium,* ***seitdem*** *habe ich deutlich mehr Hausaufgaben auf.*

2 **Schreibe je einen Satz mit seid, seit und seitdem.**

1.) ....

2.) ....

3.) ....

3 **Setze seid, seit, seitdem oder seit dem ein.**

.... einigen Wochen trägt Max eine Zahnspange. Er muss .... regelmäßig zur Kontrolle. Es war .... Tagen nicht so schönes Wetter wie heute, und gerade jetzt muss er zum Kieferorthopäden! Die anderen sind schon .... über einer Stunde im Schwimmbad, als Max endlich ankommt.

„Hier .... ihr! Ich habe euch gesucht. .... wann liegen wir nicht mehr am Nichtschwimmerbecken?"

„..................... ich mein Bronzeabzeichen habe!", jubelt Fritz.

„............................ siebten Juli habe ich es!" .... drei Tagen prangt es auf seiner Badehose. „Er schläft .... sogar in dieser Badehose", kichert Carlotta. Max ist heiß. „Geht ihr mit mir ins Wasser oder .... ihr gerade drin gewesen?"

Hier kannst du deinen Erfolgssticker platzieren.

Wörter mit Ph/ph und Th/th am Wortanfang

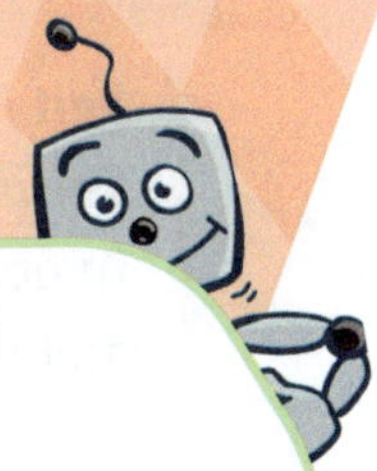

Es gibt viele schwierige Wörter mit **Ph/ph** und **Th/th**, sie kommen überwiegend aus dem Griechischen. **Th/th** steht dabei häufig am Wortanfang. Einige davon solltest du schreiben können. Merke sie dir gut.

1 Ordne die Beschreibungen den Wörtern zu und verbinde.

1. Thymian	a) Hierauf sitzt der König oder die Königin.
2. Strophe	b) Teil eines Liedes oder Gedichts
3. Thermometer	c) Würz- und Heilkraut
4. Thron	d) Die einen spielen, die anderen schauen zu.
5. Pharao	e) Er regelt die Temperatur.
6. Thermostat	f) Es misst die Temperatur.
7. Theater	g) So hieß im alten Ägypten der König.

2 Setze drei zusammengesetzte Nomen mit Th/th ein.

Am letzten Schultag führte die 4a ein ………………………… - ………………………… auf. Beim Schul-Rap sollte Carlotta drei Strophen singen. Am Abend vorher wurde sie heiser. Mama gab ihr das ………………………… . „Ich bin nicht krank, Mama“, beschwerte sich Carlotta, „ich hab nur zu viel gesungen!“ „Dann koche ich dir Tee“, sagte Mama. „Möchtest du lieber Salbei- oder …………………………?“

3 Schreibe die Schüttelwörter richtig auf.

mo se ho Ther (schön warm!) ....

ter Fie ther ber me mo (wichtig!) ....

The ter a stück (zum Zugucken!) ....

tee Thy an mi (gesund und lecker!) ....

larm Ka phen tro a tas (Hilfe!) ....

TIPP Drei der Schüttelwörter kamen auch schon in Aufgabe 2 vor. Die anderen beiden sind neu, da musst du ordentlich tüfteln!

4 Ein Wort pro Reihe ist ein Quatschwort. Streiche es durch.

a) Thermohose – Thermometer – Thermokater – Thermoskanne
b) Affentheater – Kindertheater – Thermotheater – Musiktheater
c) Katerstrophe – Katastrophenschutz – katastrophal
d) Gesprächsthema – Unterrichtsthema – Thementhema
e) Liederstrophe – Katastrophe – Thymianstrophe – Gedichtstrophe

Früher schrieb man noch photographieren statt fotografieren und sogar Thiere statt Tiere.

Gut, dass es früher noch keine Roboter gab. Sonst wäre ich vielleicht ein Rhobother!

Wörter mit Ch/ch am Wortanfang

Wörter mit **Ch/ch** am Anfang haben es in sich! Die meisten sind Gäste aus anderen Sprachen. Je nachdem, aus welchem Land sie kommen, werden sie unterschiedlich ausgesprochen. Achte auf die Erklärungen am Anfang jeder Aufgabe.

1 Wörter mit Ch/ch aus dem Griechischen sprichst du wie *k*. Merke dir die Wörter gut und setze sie passend in den Text ein.

Chamäleons ■ Chaos ■ chaotisch ■ Charakter ■ Chor ■ chronisch

Felix findet .... toll. Er liegt auf dem Teppich und hat seine Tierbücher um sich herum liegen. Seine Mutter sagt: „Bei dir sieht es ja ziemlich .... aus. Du musst mal wieder aufräumen!“ „Nein, Mama, das ist kein ...., das ist gemütlich“, antwortet Felix. „Du musst bald zum ...., Felix.“ „Ja. Wir üben ab heute Herbstlieder, dazu habe ich noch gar keine Lust.“

2 Schreibe die beiden fehlenden Wörter auf die Linie.

....

TIPP Auch alle Wörter die sich von *Christ* und *Christus* ableiten lassen, sprichst du wie *k*: *Christbaum, Christkind, Christvesper, Christian(e), christlich, Christoph(er).*

3 **Wörter mit Ch/ch aus dem Englischen sprichst du *tsch*. Ordne die Wörter der richtigen Erklärung zu und merke sie dir.**

Champion ■ Chat ■ Checkliste ■ Chili* ■ chillen

* Das Wort Chili kommt aus dem Spanischen, wird aber ebenso wie die Wörter aus dem Englischen *tsch* ausgesprochen, deshalb ist es hier mit angeführt.

a) Eine Kontrollliste zum Abhaken heißt ………………………………….

b) Sich entspannen und ausruhen heißt auch ………………………….

c) Wer die Meisterschaft gewinnt, ist der …………………………….

d) Eine Unterhaltung über das Internet heißt ……………………….

e) Ein scharfes Gewürz aus kleinen Schoten heißt ………………….

4 **Wörter mit Ch/ch aus dem Französischen sprichst du *sch*. Setze die passenden Wörter in die Lücken der Geschichte ein.**

Champignon ■ Chance ■ Chauffeur ■ Chaussee ■ Chefs

Familie Mistkäfer lebt im Pferdestall. Wie die ………………………… fühlen sie sich dort, denn der ganze Mist gehört ihnen allein. Sie hausen in einem weißen ………………………………………………. Nun ist er löchrig geworden und sie müssen umziehen. „Ein Wagen mit ……………………………………, das wäre etwas Feines", sagt Mutter Mistkäfer. Da kommt eine Weinbergschnecke des Weges: „Ladet nur eure Mistkugeln auf! Die ………………………………… hinab steht ein prächtiger Pilz." Die Käfer nutzen die ………………… und reisen mit. „Das ist ja gar kein Champignon", nörgelt Vater Mistkäfer. „Eine Marone ist auch gut", sagt Mutter Mistkäfer zufrieden.

Hier kannst du deinen Erfolgssticker platzieren.

rz oder rts?

Die Schreibweise **rz** kannst du gut hören: *Harz, Kerze, kürzer, Sturz.*
Einige Wörter mit **rz** sind schwierig: *Arzt, Ärztin, Parzelle, Quarz.*
Merke sie dir gut.
Manche Wörter klingen, als würden sie mit rz geschrieben, aber du musst sie mit **rts** schreiben. Dies ist oft bei zusammengesetzten Nomen so, wenn das erste Wort mit **-rt** endet: *Gebu**rt**stag (Gebu**rt** + Tag), O**rt**smitte (O**rt** + Mitte).*
Außerdem ist das bei Wörtern mit **-wärts** am Ende so: *vorwä**rts**, rückwä**rts**, seitwä**rts**.*

1 Setze rz oder rts richtig ein.

In den Sommerferien gibt es im Park in der O..........mitte jedes Jahr ein großes Sportfest. Kemals Familie geht den ku..........en Weg zu Fuß. Kemal trägt sein neues Trikot und die Sho..........*, die er zum Gebu..........tag bekommen hat. Schon von Weitem sieht er Fenja, Fritz und Carlotta. Carlotta balanciert locker über einen langen Baumstamm. Fenja nimmt lieber den ku..........en Stamm. Trotzdem hat sie He..........klopfen. „Du musst aufs Ziel gucken“, erklärt Kemal, „dann ist es leichter.“ „Ich denke immer, ich stü..........e ab“, sagt Fenja. „Du musst es ja nicht tun!“, meint Fritz. „Ich möchte es aber schaffen“, antwortet Fenja. Der Blick auf das Stammende hilft ihr wirklich, vorwä.......... zu kommen. Als sie sieht, wie Alan rückwä.......... über den langen Stamm geht, sagt sie zu Kemal: „Dein Bruder ist eine echte Spo..........kanone.“

* *short* ist Englisch und bedeutet: *kurz*. *Shorts* ist also ein anderes Wort für kurze Hose.

TIPP **Achtung Stolperfalle!** Das Wort *Portion* kommt aus dem Lateinischen und wird weder mit rz noch mit rts geschrieben. Merke es dir gut!

2 Markiere alle 15 Wörter mit rz oder rts.

Max hatte am vierzehnten März Geburtstag. Es war eisiges Wetter gewesen. Max war kurz vor dem Geburtstag beim Eisrutschen über eine Baumwurzel gestürzt und musste zum Arzt. Seine Mutter hatte am nächsten Tag furchtbare Zahnschmerzen bekommen. An Feiern war nicht zu denken. „Feiere deinen Geburtstag doch einfach im Sommer", hatte Papa vorgeschlagen. Was für eine tolle Idee! Heute ist es so weit. Die Sonne scheint, die Kinder tragen leichte Shorts* und T-Shirts. Sie machen im Wald eine Schnitzeljagd und schlagen im Gras Purzelbäume. Zum Abschluss gibt es für jedes Kind eine Portion Eis mit Schokostreuseln, kleinen Zuckerherzen und Schlagsahne. „Das mache ich jetzt immer so", sagt Max. „Ich bin ein Sommerkind und kein Märzhase!"

3 Schreibe etwas über deinen Geburtstag. Benutze Wörter mit rz und rts.

Ich habe ....

....

Meine Freunde ....

....

Wir haben ....

....

Es war ....

....

....

Hier kannst du deinen Erfolgssticker platzieren.

Wörter mit Y/y

Einige Nomen haben am Wortanfang ein **Y**. Du sprichst es wie ein *J*: *Yak, Yeti, Yoga, Yucca*. Ein **kleines y** steht meistens am Wortende. Du sprichst es wie ein *i*: *Baby, Teddy, City*. Alle Wörter mit **Y/y** sind Fremdwörter, das heißt, es sind Wortgäste aus anderen Sprachen.

1 **Ergänze die Sätze mit Wörtern aus der Wörterliste.**

Baby ■ City ■ fifty-fifty ■ Handy ■ Hobby ■ Party ■ Pony ■ Teddy ■ Yak ■ Yeti ■ Yoga ■ Ypsilon* ■ Yucca(-Palme)

* Das Wort *Ypsilon* ist eine Ausnahme. Du sprichst es vorne wie ein offenes Ü.

a) Wenn du etwas zur Hälfte teilst, machst du ....-..........................

b) .... heißt ein sagenumwobener „Schneemensch“.

c) Besitzt du schon ein eigenes .... für unterwegs?

d) Ein .... ist ein asiatisches Rind und lebt in den Bergen.

e) .... ist Entspannung, Bewegung und Meditation zugleich.

f) Ein .... kann zum Beispiel eine Sportart sein.

TIPP

Den Yak schreibt man mit Ypsilon*.
Das Tier jedoch weiß nichts davon.

2 Setze die fehlenden Wörter aus der Wörterliste von S. 48 ein.

Die Mutter von Carlotta und Fritz kommt vom .... nach Hause. „Nach dem .... bin ich immer herrlich entspannt“, sagt sie und strahlt. „Das ist gut“, sagt Carlotta. „Uns ist nämlich beim Spielen eine große Palme umgefallen“, fügt sie verlegen hinzu. „Oh! Doch nicht etwa die große ....-................................?“, fragt Mama. „Doch, genau die“, antwortet Fritz kleinlaut. Mama holt tief Luft. „Dann wollen wir sie mal wieder aufstellen“, sagt sie. „Das ist nicht so einfach, Mama. Wir haben es nämlich schon versucht und dabei ist sie ...“ „Ja ...?“ „Naja ... sie ist sozusagen ....-................................“, erklärt Carlotta und versucht ein Lächeln. „Was soll das heißen?“, fragt die Mutter angespannt. „Dass du jetzt zwei ....-Palmen hast, Mama“, antwortet Fritz und legt seine Hand auf Mamas Hand.

3 Setze i oder y ein.

a) Ein junges Kätzchen wird auch Katzenbab...... genannt.

b) Man kann mit dem Füller, aber auch mit dem Kul...... schreiben.

c) Mein Hobb...... ist das Pon...... reiten.

d) Große Städte bieten in der Cit...... oft Leihfahrräder an.

e) Na gut, Tedd......, ich bin zwar kein Bab...... mehr, aber wenn du willst, darfst du bei mir schlafen!

Hier kannst du deinen Erfolgssticker platzieren.

Wörter mit ß, ss oder s nach Zwielauten (Diphthongen)

Nach Zwielauten (Diphthongen) schreibst du ein scharf gesprochenes s in der Wortmitte meistens als ß: ***auß**en*, ***äuß**erst*, ***heiß**en*, *Pr**euß**en*. Merke dir besonders Wörter mit *Außen/außen: Außenminister, Außenseite, Linksaußen, außerdem, außerhalb, außerordentlich.*

1 **Setze ß für das scharf gesprochene s ein.**

Kemal liegt im Gras und beobachtet eine riesige, wei……e Wolke. Sie sieht aus, wie ein äu……erst dickes Schaf. Au……erdem gibt es kleinere Wolkenschäfchen. Plötzlich rei……t das Schaf sein Maul auf, als wolle es die kleinen bei……en. Nun sieht es aus wie ein Wolf! „Der Wolf und die sieben Gei……lein!“, denkt Kemal und lacht. Er weiß gar nicht, was „Gei……lein“ heißt. „Eine Geiß ist eine Ziege“, erklärt Carlotta. „Wie kommst du jetzt darauf?“ „Nur so“, sagt Kemal. Wer wei……, ob sie ihn sonst auslachen würde …

2 **Schreibe vier verschiedene Wörter mit ß aus Aufgabe 1 auf:**

…………………………………………………………………………………

…………………………………………………………………………………

TIPP Um **einsilbige** Wörter mit Diphthong und scharf gesprochenem s richtig zu schreiben, suche dir Hilfswörter: *heiß – heißer* aber *Kreis – Kreise*.

In der Wortmitte hörst du manchmal ein scharfes s nach einem Diphthong und musst trotzdem **s** schreiben. Dies ist bei zusammengesetzten Wörtern so, wenn das **erste Wort im Auslaut ein s** hat. Finde passende Hilfswörter für die richtige Schreibung (siehe Tipp auf S. 50):
*Hau**s**halt, Häu**s**chen, häu**s**lich – Häu**s**er • Wei**s**heit – wei**s**e.*

3 Setze s, ss oder ß richtig ein. Du brauchst 13-mal ß, 7-mal s und einmal ss.

„Herr Dragolin, sie sind bereits 200 Jahre alt, richtig?" „Richtig. Man wei...... es inzwischen. Wir sprachen bereit...... darüber." „Das hei......t, Sie durften das alte Preu......en noch erleben?" „Durfte? Das ist wei...... Gott nicht das richtige Wort!" „Mi......fiel Ihnen das Preu......ische Reich so au......erordentlich?" „Das Reich nicht. Die Kriege waren äu......erst unangenehm." „Sie erlebten mit drei......ig Jahren ihren ersten Krieg?" „Ich war 28 Jahre alt und bekam gerade die ersten Milchzähne." „Sie haben ein äu......erst bemerkenswertes Gedächtni......!" „Es prägt sich ein, wenn der erste Zahn nichts zu bei......en hat." „Nichts zu bei......en, was soll das hei......en?" „Eine alte Wei......heit: Kriege machen arm. Auch Drachen." „Gott sei Dank leben wir heute in Friedenszeiten." „Da haben Sie ein bemerken......wert wahres Wort gesprochen." „Gibt es noch etwas, wa...... sie uns sagen möchten, Herr Dragolin?" „Später. Ich möchte mich jetzt ein paar Monate hinlegen." „Das ist aber au......ergewöhnlich lang! Sie sind doch nicht krank?" „Keine......falls. Häu......liche Drachen wie ich brauchen nur regelmäßig ein Schläfchen."

Hier kannst du deinen Erfolgssticker platzieren.

Welches Zeichen muss ich setzen?

Satzschlusszeichen

Wörter werden durch sichtbare Lücken voneinander getrennt, Sätze trennen wir durch **Satzschlusszeichen**.
Der **Punkt** beendet einen einfachen Aussagesatz oder eine freundliche Aufforderung: *Auf dem Tisch liegt die Schere. Gib sie mir bitte.*
Das **Ausrufezeichen** beendet alle gerufenen Sätze der wörtlichen Rede, alle Ausrufe und nachdrückliche Aufforderungen: *Er rief: „Kommt alle her!“* • *Oh, nein!* • *„Gib jetzt endlich die Schere her!“*
Das **Fragezeichen** beendet Fragesätze: *Wo liegt die Schere?*

1 Setze die fehlenden Punkte ein.

DU FINDEST IN DIESEN SÄTZEN NUR GROßE BUCHSTABEN DAS MUSS SO SEIN DIE AUFGABE WÄRE SONST ZU EINFACH EIN BISSCHEN SOLLST DU SCHON NACHDENKEN MÜSSEN WAHRSCHEINLICH FINDEST DU ES TROTZDEM ZIEMLICH EINFACH

2 Setze Punkte und Fragezeichen ein.

„Soll ich dir ein Geheimnis verraten...... Du darfst es aber nicht weitersagen......“ „Was ich nicht weitersagen darf, möchte ich lieber gar nicht erst wissen......“ „Warum denn das nicht......“ „Wenn dein Geheimnis schlimm für mich wäre, könnte ich mir bei niemandem einen Rat holen......“ „Ah, ich verstehe...... Aber so ein Geheimnis ist es nicht...... Es ist etwas Schönes......“ „Dann sag es mir bitte......“

TIPP Manchmal sind Fragen gar nicht als Fragen gemeint. Du kannst statt des Fragezeichens dann ein Ausrufezeichen setzen. Versuche es bei Aufgabe 3.

3 Setze das passende Schlusszeichen.

„Wie oft habe ich dir schon gesagt, dass Katzen nichts im Bett zu suchen haben ......“ Mama hebt Sissi aus Fenjas Bett ...... Sissi maunzt kläglich ...... „Sissi kann doch nicht antworten, Mama ......“, ruft Fenja erstaunt. „Das soll sie auch nicht ...... Ich meine dich ......“ „Ich weiß es aber auch nicht“, antwortet Fenja. „Was weißt du nicht ......“ „Na, wie oft du es gesagt hast ......“ „Ziemlich oft“, sagt Mama böse. „Das kann hinkommen“, sagt Fenja verschmitzt ...... „Warum fragst du dann ......“

4 Punkt, Fragezeichen oder Ausrufezeichen? Setze ein.

„Kannst du mal bitte kommen	?“	„Klar kann ich das .... Worum geht es denn	....“
„Halte das mal bitte fest	....“	„Warum denn	....“
„Damit ich mir den Kleber holen kann	....“	„Den hätte ich dir doch auch bringen können	....“
„Darum wollte ich dich nicht bitten	....“	„Warum denn das nicht	....“
„Ich dachte, dann kommt deine Lieblings-antwort	....“	„Und welche soll das sein	....“
„Ich bin nicht dein Diener	....“		

Hier kannst du deinen Erfolgssticker platzieren.

Satzzeichen

Wörtliche Rede und Aufzählungen

Die Satzzeichen der wörtlichen Rede mit vorangestelltem Begleitsatz sind: **Doppelpunkt, Anführungszeichen unten und oben.**
Dazu kommen die Schlusszeichen der eigentlichen Rede, also **Punkt, Fragezeichen** oder **Ausrufezeichen.** Sie stehen vor dem abschließenden Anführungszeichen.

TIPP Am Gymnasium lernst du bald einige neue Kommaregeln. Hier geht es erstmal nur um die wörtliche Rede und um Aufzählungen. Dafür brauchst du den Doppelpunkt, die Anführungszeichen und das Komma.

1 Setze die Satzzeichen wie in den Beispielen ein.

Fenja fragt: „Darf Fritz bei mir übernachten, Mama?“ Die Mutter fragt nach ………… Erlaubt deine Mama es denn, Fritz ………… Fritz ruft: „Ja klar, ich darf und ich möchte unbedingt!“ Fenja hüpft auf und ab und ruft ………… Bitte, bitte, sag auch ja, Mama ………… Fenjas Mutter antwortet: „Ja, genießt nur eure Ferien.“ Fritz erklärt ………… Wir wollen die ganze Nacht puzzeln ………

Die Satzzeichen bei nachgestelltem Begleitsatz sind: **Anführungszeichen unten und oben und das Komma.** In der eigentlichen Rede setzt du nur ein **Fragezeichen** oder ein **Ausrufezeichen**. Ein Punkt wird hier nicht gesetzt.

2 **Setze die Satzzeichen wie in den Beispielen ein.**

„Wollt ihr überhaupt nicht schlafen?“, fragt Fenjas Mutter.

......Muss man denn unbedingt schlafen.........., fragt Fritz zurück......

„Ja selbstverständlich!“, ruft Fenjas Mutter erstaunt.

......Auf gar keinen Fall.........., ruft Fenja und lacht fröhlich......

„Ich bin sehr gespannt, ob ihr das durchhaltet“, sagt Mama.

......Das halten wir locker durch..........meint Fenja überzeugt......

Bei **Aufzählungen** trennst du Wörter oder Satzglieder durch das **Komma** ab. Der letzte Teil wird durch *und* oder *oder* verbunden:
Ich mag Rot, Blau, Gelb ***und*** *Weiß.* • *Am liebsten bin ich zu Hause, bei meinen Freunden* ***oder*** *in der Schule.*
Aufzählungen können auch durch einen **Doppelpunkt** verdeutlicht werden: *Rot, Blau, Gelb und Weiß: Das sind meine Farben.*

3 **Ergänze die Sätze. Zähle dabei mindestens drei Dinge auf.**

a) Meine Lieblingstiere sind ....,
.... und ....

b) ...., ...
und .... sind in der Schule meine Lieblingsfächer.

c) Später werde ich vielleicht ....,
.... oder ....

Hier kannst du deinen Erfolgssticker platzieren.

Groß- oder kleinschreiben?

Nomen und nominalisierte Verben

Seite 6

1. ENDLICH FERIEN!
CARLOTTA HAT EIN GUTES ZEUGNIS BEKOMMEN. SIE FREUT SICH SEHR DARÜBER UND IST FRÖHLICH, WEIL ENDLICH SOMMERFERIEN SIND. SIE FREUT SICH ABER AUCH SCHON AUF DIE ZEIT NACH DER SOMMERPAUSE. DANN WIRD SIE DAS GYMNASIUM BESUCHEN. SIE WIRD EINIGE NEUE SCHULFÄCHER BEKOMMEN UND NATÜRLICH AUCH NEUE LEHRER UND LEHRERINNEN. DER SCHULWEG WIRD ETWAS WEITER SEIN. ZUM GLÜCK WIRD SIE MIT IHRER BESTEN FREUNDIN FENJA IN DIESELBE KLASSE GEHEN. WIE SCHÖN, DASS SIE NICHT ALLEIN ZWISCHEN ALL DEN FREMDEN KINDERN SITZEN WIRD! ZU ZWEIT IST ES AUCH VIEL LEICHTER, NEUE FREUNDE ZU FINDEN.

Seite 7

2. Seit dem letzten Sommer sind Fenja und Carlotta richtige Wasserratten geworden. Sowie die Sonne scheint, fahren sie mit dem Rad zum Schwimmen. Schon beim Radfahren besprechen sie, was sie machen wollen. Planschen und rutschen natürlich! Vom Tauchen bekommt Fenja immer rote Augen, deshalb vermeidet sie das Tauchen ohne Schwimmbrille. Sie freuen sich auf das Springen vom Sprungturm. Fenja springt vom Ein-Meter-Brett. Carlotta möchte vom Dreier springen. Vom Warten an der Leiter ist sie trocken geworden. Als sie oben ist, sieht sie Felix und Max. Sie sind zum Zugucken an den Beckenrand gekommen. Carlotta nimmt Anlauf und springt. Beim Springen hält sie sich die Nase zu.

3.

das	beim	vom	zum
Tauchen	Radfahren	Tauchen	Schwimmen
Springen	Springen	Warten	Zugucken

Nominalisierte Adjektive (1)

Seite 8

1. freundlich: die Freundlichkeit
ängstlich: die Ängstlichkeit
locker: die Lockerheit
besorgt: die Besorgnis
finster: die Finsternis
spannend: die Spannung
gesund: die Gesundheit
erfrischend: die Erfrischung
fair: die Fairness cool: die Coolness

Seite 9

2. Carlotta malt mit ihrer Hort-Gruppe für die Sommerzeit ein großes Ferienbild ans Fenster. Sie nehmen dafür nur Fingerfarben in den Grundfarben Rot, Gelb und Blau. Alle anderen Farben mischen sie selbst. In einem sonnigen Gelb schreibt Fritz „Wir" über das Bild. Fenja schreibt in lila Buchstaben „machen". Das Wort „Ferien" bekommt Buchstaben in verschiedenen Farben. „Guckt euch mal dieses tolle Orange für das F an!", ruft Kemal. Orange ist seine Lieblingsfarbe. Carlotta und zwei andere Mädchen malen Fantasie-Blumen. „Haben wir auch weiße Farbe?", will sie wissen. „Ich möchte ein zartes Rosa mischen." „Und ich ein richtig krasses Pink!", ruft Kemal. Aber seinen Namen schreibt er lieber in tiefem Dunkelblau. Fritz schreibt seinen Namen hellgrün dazu.

Nominalisierte Adjektive (2)

Seite 10/11

1. Carlotta und Fritz fahren mit Mama und Oma zum Badesee. Oma sagt: „Eine Fahrt ins Grüne, wie schön!" Fritz zieht seine leuchtend grüne Badehose an. Carlotta trägt zum ersten Mal ihren neuen Badeanzug. Er ist rot mit winzig kleinen weißen Fischen darauf. „Dieses Rot steht dir aber sehr gut", lobt Oma. Auch Fritz möchte gelobt werden. „Das Gute an meiner Badehose ist, dass sie sogar vor Sonne schützt", erklärt er. Oma staunt: „Es gibt wirklich sehr gute Erfindungen!" Manchmal lebt Oma fast nur im Gestern. Dann erzählt sie viel von früher. Gerade gestern war es so. Doch heute ist sie anders. Überall entdeckt sie etwas Schönes. Mit den Kindern spielt sie auf der Decke Mau-Mau. Am Abend sagt sie: „So ein schönes Wetter! Überhaupt gab es heute gar nichts Schlechtes!" „Doch!", ruft Fritz und lacht Oma an. „Du hattest beim Kartenspielen einmal ein furchtbar schlechtes Blatt!"

Seite 11

2. Alle lieben den Zirkus, egal ob Arm oder Reich.
Denn in dem dunklen Zirkuszelt sind alle Menschen gleich.
Es kommen ja von fern und nah die Großen und die Kleinen.
Und nur die allerkleinsten Kinder fangen an zu weinen.
Hereinspaziert! Wir haben hier viel Spaß für Jung und Alt!
Doch wenn ihr uns're Tiger seht, da wird's euch heiß und kalt!

Ach, keine Angst, so etwas ist ja längst nicht mehr erlaubt!
Ich teste nur, ob Groß und Klein mir, was ich sage, glaubt!

Zahlen und Ordnungszahlen

Seite 12

1. „Schöne Schneckenhäuser sind nicht leicht zu finden. Wenn du eines findest, pass auf, dass keine Schnecke mehr darin lebt", erklärt Max. Er hat für sein Referat über Schnecken eine Eins bekommen • Die Drei spielt in vielen Märchen eine Rolle. Oft erfüllt eine Fee drei Wünsche. • Carlottas kleiner Bruder geht in die erste Klasse. „Wie viele Räder hat ein Auto?", fragt sie ihn. „Natürlich vier!", antwortet Fritz. „Und wie viele Räder haben zwei Autos?" Fritz malt eine schöne große Acht in den Sand. „Und wenn man die Ersatzräder mitzählt, haben die zwei Autos sogar zehn Räder!" Er konnte schon im Kindergarten bis hundert zählen.

Seite 13

2. „Herr Dragolin, zweihundert Jahre! Das ist für einen Drachen kein sehr hohes Alter, richtig?" „Richtig. Ich, Dragolin der Siebte, bin ein sehr junger Drache." „Dennoch gewinnen Sie bereits jedes Drachenturnier, richtig?" „Richtig. Ich bin stets der Erste und Beste." „Sie waren niemals Zweiter, Dritter oder Vierter?" „Nein, niemals. Ich war das siebte Kind meiner Eltern. In allen anderen Fällen war und bin ich ausnahmslos Erster." „Dafür sehen Sie nicht gerade glücklich aus ..." „Das mag daran liegen, dass ich stets auch Letzter bin. Ich bin sozusagen der Letzte meiner Art. Der letzte Drache." „Oh, wie überaus traurig! Was wäre ihr größter Wunsch?" „Einmal Zweiter zu sein!"

Geografische Namen

Seite 14/15

1. Hafengeburtstag in Hamburg
Die Elbe ist ein Strom von mehr als 1 000 Kilometern Länge. Sie entspringt als kleines Flüsschen im Riesengebirge in Tschechien, fließt durch tschechische und deutsche Mittelgebirge, dann durch die flachen Ebenen Norddeutschlands, bis sie bei Cuxhaven in die Nordsee mündet. Der tschechische Teil ist mit rund 370 Kilometern deutlich kürzer als der deutsche Teil. Die Elbe fließt durch Dresden, Dessau und Magdeburg. Ein wichtiger Elbhafen ist der Hamburger Hafen. Er liegt nicht an der See, gilt aber als Seehafen, denn Schiffe können, z. B. von New York aus, direkt nach Hamburg kommen. Große Schiffe werden von den Hamburger Elblotsen begleitet. Der Hafen ist über 800 Jahre alt. Die Hamburger feiern jedes Jahr seinen Geburtstag. Dann gibt es entlang der Elbe tolle Musik und für die Kinder große Karussells. Stände mit Essen aus aller Welt locken viele Besucher an: Wiener Würstchen, italiensiche Pizza, türkische Döner und dänisches Eis sind sehr beliebt. Wer einen feineren Geschmack hat, kann französische Muscheln und Austern probieren.

Seite 15

2. stürmische See / Karibisches Meer / atlantisches Tief / Atlantischer Ozean / französische Muscheln und Austern / Französische Alpen / niedersächsisches Wattenmeer / Bayerischer Wald

Wörter mit kurzem Vokal

Einsilbige Wörter mit kurzem Vokal

Seite 16

1. a) Fas b) Buss c) Lam d) Mum e) Schus f) dess g) ris h) fitt

2. a) lass – nass – dass – wass
b) wann – kann – Man – man
c) derr – Herr – herr – der
d) stumm – Stamm – stramm
e) Kinn – binn – Sinn – Zinn
f) hat – glat – matt – Watt
g) Spann – spann – Bann – mann
h) satt – statt – stat – sat

Seite 17

2. Felix wurde von einer Katze in die Hand gebissen. Es ist keine schlimme Wunde, aber seine Mutter sagt: „Ich möchte, dass der Arzt sich das einmal ansieht." „Es ist gut, dass du in die Praxis gekommen bist", sagt der Doktor. „So ein Biss kann sich leicht entzünden. Denn was für Bakterien ein Tier im Speichel hat, kann man nicht wissen. Der Arzt desinfiziert die Wunde und legt einen leichten Verband an. „Ist der Biss denn wohl bis Mittwoch verheilt?", fragt Felix. Der Arzt lächelt Felix freundlich an: „Was ist denn am Mittwoch?", fragt er. „Da ist das große Spielfest im Schwimmbad", antwortet Felix. „Bis dahin solltest du wieder ins Schwimmbad gehen können", sagt der Doktor. „Fass aber lieber keine Tiere mehr an, die du nicht gut kennst, Felix." Felix findet, dass der Arzt ein sehr netter Mann ist. Vielleicht möchte Felix später selbst einmal Arzt werden.

Doppelkonsonanten

Seite 18

1. Fenja hat eine junge Katze bekommen. Alle Freunde wollen sie kennenlernen. „Wie heißt sie denn?“, will Fritz wissen. „Sissi“, antwortet Fenja. „Das Tolle an Katzen ist, dass sie schnurren können“, findet Kemal. Er streichelt Sissi über das glatte weiche Fell. Sissi schnurrt. „Warum kratzt sie dich nicht?“, fragt Fenja. Fenjas Arme sind voll roter Schrammen. „Achte auf ihre Augen und auf ihren Schwanz“, erklärt Kemal. „Dann siehst du gleich, wenn sie wild wird. Dann nimm ganz schnell deine Hand weg!“ Carlotta staunt, was Kemal weiß. Er ist der netteste Junge, den sie kennt.

Seite 19

2. Ein brauner Käfer in Pantoffeln
starrt im Beet auf den Salat.
Und er brummt: „Gäb's hier Kartoffeln,
wüsste ich mir guten Rat!
Könnt' mich durch die Schale fressen,
bis ins helle Gelb hinein.
Was soll nur an diesen schlappen,
dünnen Blättern lecker sein?“
Keinen Schimmer hat der Herr!
Eine schicke Schnirkelschnecke kriecht mit größtem Appetit schnellstens um die nächste Ecke.
Frisst in jedes Blatt ein Loch!
Sieh mal an: Salat schmeckt doch!

ff	ll	mm	nn
Pantoffeln	helle	brummt	könnt'
Kartoffeln	schnellstens	Schimmer	dünnen
pp	**rr**	**ss**	**tt**
schlappen	starrt	wüsste	Blättern
Appetit	Herr	fressen	Blatt

(Bei „Blättern“ passen auch die Adjektive „schlaffen“ und „dürren“. Diese Wörter sind ebenso richtig. Die Tabelle kannst du mit diesen Lösungswörtern aber nicht vollständig ausfüllen.)

Doppelkonsonanten bei gebeugten Verben

Seite 20

1.

Grundform	du ...	es ...	ge...	ver...
knarren	knarrst	knarrt	geknarrt	
müssen	musst	muss	gemusst	
passen	passt	passt	gepasst	verpasst
rennen	rennst	rennt	gerannt	verrannt
schaffen	schaffst	schafft	geschafft	verschafft
stimmen	stimmst	stimmt	gestimmt	verstimmt
tippen	tippst	tippt	getippt	vertippt
zerren	zerrst	zerrt	gezerrt	verzerrt

Seite 21

2. Fenja, Max, Kemal, Carlotta und Fritz übernachten auf dem Heuboden von Fenjas Cousine Paula. Als es dunkel wird, müssen sie eine wackelige Leiter hinaufklettern. „Vergesst nicht, zuerst zur Toilette zu gehen!“, sagt Paula. „Stimmt, diese Leiter möchte ich nachts nicht hinuntermüssen“, meint Fritz. „Aber wenn nun einer von uns wirklich mal müsste?“, fragt Carlotta. „Notfalls steht oben ein Töpfchen“, lacht Tante Lina. „Willst du vielleicht aufs Töpfchen, Tante Lina?“, fragt Fenja entsetzt. Da sagt Tante Lina: „Also, wenn ihr damit nicht zurechtkommt, müsste ich wohl bei euch schlafen. Oder Kurt.“ Aber die Kinder wollen lieber alleine sein. Licht gibt es oben nicht. „Könnten wir vielleicht ein Windlicht anzünden?“, fragt Max. Er lässt zum Einschlafen immer sein Licht an. „Nein, Max, offenes Feuer ist zu gefährlich auf dem Heuboden. Du willst doch bestimmt nicht, dass es brennt!“ Die Kinder kuscheln sich in ihre Schlafsäcke. Als es fast dunkel ist, kommt Fritz zu Carlotta herangerobbt. Er zerrt an ihrem Schlafsack. „Kann ich bei dir schlafen? Da knarrt immer irgendwas.“ „Meinetwegen, wenn du leise bist.“ „Das Knarren hab ich auch gehört!“, flüstert Max aufgeregt. „Ich tippe mal, ihr Jungs schafft es nicht, hier oben im Heu einzuschlafen“, sagt Paula und gähnt. „Wenn du dich da mal nicht vertippst“, lacht Kemal. „Wir sind die weltbesten Heubodenschläfer der Welt!“ „Einmal Welt reicht, Kemal“, kichert Carlotta. „Ach ja! Egal. Schlaft gut, sonst verpasst ihr die schönsten Träume! Das Knarren ist übrigens Paulas Katze. Sie liegt auf meinem Bauch und schnurrt.“ Alle lauschen und schlafen gemütlich ein.

Wörter mit ck und tz

Seite 22/23

1. Fenja hat ihre Freunde zum Frühstück eingeladen. Es gibt Müsli. Papa hat vom Markt leckere Erdbeeren und Bananen mitgebracht. Fenja stellt auf jeden Platz einen Teller und legt einen Löffel dazu. In der Tischmitte steht neben einer Schüssel mit Vollkorn-Müsli extra eine Schale mit frisch geknackten Nüssen. In einem Krug aus dickem Glas ist Milch. „Braucht ihr Zucker für die Erdbeeren?“, fragt Papa. „Erdbeeren sind doch schon süß.“, lacht Kemal. Sein kleiner Bruder Alan mag keine Milch und knabbert das Müsli einfach trocken aus der Hand. „Schmeckt das denn so überhaupt?“, fragt Fritz. „Sieht man doch!“, meint Fenja. Sissi sitzt auf Fenjas Schoß und möchte an ihrem Müsli schlecken. „Lieber nicht“, meint Kemal, „du weißt nicht, woran sie

heute schon geleckt hat!“ Carlotta muss darüber lachen, verschluckt sich und hustet. Sissi rast davon wie der Blitz! Sie hat einen ordentlichen Schreck bekommen.

Seite 23

2. Beispiellösungen:
   Katze, Tatze, Luftmatratze
   Grütze, Pfütze, Pudelmütze
   Rock, Bock, Bienenstock
   Fritz, Witz, Kugelblitz

   Katze, Glatze, Luftmatratze
   Grütze, Pfütze, Bogenschütze
   Schock, Block, Bienenstock
   Fritz, Blitz, Kinderwitz

Wörter mit s oder ss

Seite 24

1. Carlotta und Fritz haben drei Kaninchen im Garten. Fritz nennt sie: „Unsere drei Hasen“. Heute ist er mit Füttern dran gewesen, hat es aber vergessen. „Sie waren ja im Freigehege und konnten Gras fressen“, entschuldigt er sich. Carlotta erklärt: „Sie sind aber daran gewöhnt, abends Körner und Heu zu essen.“ „Ja, ich weiß. Tiere essen aber nicht, sie fressen, sagt Papa.“ Carlotta legt das Heu in den Käfig und die Hasen hoppeln hinein. Fritz füllt die Trinkflaschen mit frischem Wasser. Er pflückt eine extra große Portion Löwenzahn. Fritz hat ein schlechtes Gewissen und möchte es wieder gut machen. Er hält den Kaninchen die Blätter direkt vor ihre Nasen. Die Kaninchen sollen wissen, dass er sie sehr gern hat. Er wollte sie nicht vernachlässigen.

Seite 25

2. du musst: müssen — er isst: essen
   ihr lasst: lassen — sie misst: messen
   es passt: passen — ihr verlasst: verlassen
   du vermisst: vermissen — ihr wisst: wissen

3.

	s	ss
Im Unterricht muss man immer gut … .		aufpassen
Deshalb brauchen Kinder zwischendurch … .	Pausen	
In der Bücherei können sie Bücher ausleihen und … .	lesen	
Fritz sucht ein Tierbuch. Er will mehr über Haustiere … .	lesen	wissen
Die Seiten über Aquarien findet Fritz besonders … .		interessant
Dass die Wassertemperatur so wichtig ist, hat er nicht … .		gewusst

Wörter mit langem Vokal

Lang gesprochenes a, e und o

Seite 26

a) Auf das lange a, e oder o folgt ein m, f, t, b, s, g, l, t, d (ein einfacher Konsonant).
b) Auf das lange a, e oder o folgt ein h.
   Der Fachbegriff lautet Dehnungs-h.
c) Auf das lange a, e oder o folgt ein weiteres a, e oder o. (Also ein doppelter Vokal oder Doppelvokal.)

Seite 27

2.

Wörter mit einfachem Vokal	Wörter mit Dehnungs-h	Wörter mit doppeltem Vokal
Name	Zahn	Paar
schlafen	fahren	Waage
Vater	Bahn	Haar
heben	Lehrer	Beet
lesen	verzehren	Fee
legen	Ehre	Tee
holen	Lohn	Zoo
Brot	Mohn	Boot
Mode	Bohne	Moos

3. Beispiellösung:
   a) Am liebsten sitze ich gemütlich im Moos und lese.
   b) Mit einem Loch im Boot kann man nicht gut fahren.
   c) Manche Lehrer haben sehr seltsame Zähne.
   d) In den Ferien werde ich viel und lange schlafen.

   Außerdem fahre ich mit der Bahn zu Oma und Opa.

Langes u und lange Umlaute (ä, ö, ü)

Seite 28

1.

Einfache Schreibweise (u oder ü)		Schreibung mit Dehnungs-h (uh oder üh)	
Hut	Blüte	Buhne	Bühne
Juli	Kübel	Kuhle	führen
Mut	lügen	Ruhm	kühl
nur	natürlich	Uhr	Mühle

Seite 28/29

2. Im Sommer ist es morgens manchmal noch ziemlich kühl. Im Juli und August ist es aber meistens um elf Uhr warm. Natürlich/Nur nicht, wenn es, wie heute, wie aus Kübeln gießt. Fenja und Max suchen nach dem Regen Schnecken im Garten an der großen Mühle. An der Blüte einer Rose spiegelt sich die Mühle in einem dicken Regentropfen.

Seite 29

3. Die böse Hexe benutzte den schönen jungen Drachen einfach als Föhn! Er musste warme Luft auf ihr rötliches Haar blasen, bis ihm fast die Puste ausging. Der Drache fand das blöd. Da kam ein Bär vorbei und rief: „Ja, ist es denn die Möglichkeit! Sie sollten sich schämen, das arme Tier auszubeuten, nur um ihre rote Mähne zu trocknen!" „Wäre er nicht viel größer als ich", dachte die böse Frau, „könnte ich ihn zähmen und er müsste für mich arbeiten." Im nächsten Moment stand sie wie gelähmt vor Schreck da. Der Drache hatte ohne böse Absicht ein wenig Feuer gespuckt. Der Schrei der Hexe war weithin zu hören. Der Bär holte Wasser und löschte die Flammen im rötlichen Haar der bösen Frau. Nun hatte sie nur noch kurze Stoppeln statt ihrer prächtigen Mähne auf dem Kopf. Weiter war ihr nichts Böses geschehen. „Danke, Bär, du hast mir das Leben gerettet", sagte sie mürrisch „Du hast einen Wunsch frei." Der Bär sagte: „Wenn ich den Drachen befreien dürfte?" Sie nickte. Der Bär und der schöne Drache zogen fröhlich davon.

4. Einfache Schreibweise: böse, schönen, rötliches, blöd, Bär, Möglichkeit, schämen, Wäre, größer, nächsten, hören
   Schreibweise mit Dehnungs-h: Föhn, Mähne, zähmen, gelähmt, fröhlich

Doppelvokale

Seite 30/31

1. Saatkrähen sind nicht besonders beliebt. Sie fressen das Saatgut von den Feldern. Früher bestand ihre Nahrung auch aus Schädlingen. Dadurch hielten sich für die Bauern die Schäden und Vorteile durch die Krähen die Waage. Durch den Einsatz von chemischen Mitteln gegen Schädlinge fehlt es den Krähen heute an Nahrung. So fressen sie Feldfrüchte. Saatkrähen sind sehr kluge und soziale Tiere. Männchen und Weibchen bleiben ihr ganzes Leben als Paar zusammen. Und wie würde es ohne Krähen an unseren Straßenrändern aussehen? Krähen fressen nämlich auch Aas, also tote Tiere. Wird ein kleines Tier von einem Auto überfahren, tauchen sofort ein paar Krähen auf, die das Aas fein säuberlich auffressen. Man sollte also ruhig einmal ein gutes Haar an ihnen lassen!

   Diese Wörter bleiben übrig: Aal, Saal, Saat, Staat.

Seite 31

2. Viele Soldaten bilden ein Heer,
   der Leichtathlet wirft einen Speer.

   Die Straßendecke ist aus Teer,
   viel schöner aber ist's am Meer.

   Hier sitze ich im grünen Klee
   und wünsch' mir eine gute Fee.

   Die bringt mich an die schöne See,
   da schwimm' ich erst, dann trink' ich Tee.
   Und keine Limonade – das ist wirklich schade!

Lang gesprochenes i

Seite 32

1. „Kommt ihr mit zum Markt?", fragt Kemal seine Freunde. „Es ist Kirschenzeit!" „Oh ja, ich liebe Kirschen!", ruft Fritz. An einem Stand mit großen, roten Kirschen sagt Kemal: „Die hier sehen am besten aus." Ein Kilo kostet 7,80 Euro. Die Marktfrau sieht nett aus. „Wie teuer ist eine große Tüte Kirschen für uns alle?", fragt Max. „Wie viele seid ihr denn?" „Sieben", antwortet Kemal. „Wir sind doch nur sechs", meint Fritz. „Alan isst auch gern Kirschen, ich bringe ihm welche mit", sagt Kemal. Seinen Bruder vergisst er nie. „Wie groß soll die Tüte denn sein?" „Riesengroß!", antwortet Fritzt. Die Verkäuferin lacht. „Dies ist die größte", sagt sie und zeigt ihnen eine Papiertüte. „Da passen eineinhalb Kilo hinein. Für Alan bekommst du eine kleine Extratüte", sagt sie zu Kemal, „die schenke ich dir, weil du so nett an ihn denkst." „Dann kann ja jeder von uns ein halbes Pfund Kirschen essen", freut sich Felix. Die Verkäuferin lobt ihn: „Du bist aber gut im Rechnen! Weißt du auch, was ihr für die große Tüte bezahlen müsst?" „Ziemlich viel, um die zwölf Euro!", antwortet Felix. „Genau. Aber so nette Kinder wie ihr zahlen nur die Hälfte." „Wenn jeder einen Euro gibt, kommt es genau hin", erklärt Fritz. Die Verkäuferin staunt. „Ihr seid ja richtige Rechengenies!"

Seite 33

2. liebe, die, hier, sieht, wie, viele, sieben, nie, riesengroß, dies, sie, Papiertüte, ziemlich, viel, Rechengenies

3. Es sind vier verschiedene Pronomen: ihr, ihm, ihnen, ihn

4. Kilo, wir, dir, gibt

5. sieht

Das ß nach langem Vokal oder Umlaut

Seite 34

1. Im Ferienprogramm können die Kinder zusammen ein echtes Floß bauen. Treffpunkt ist der Steg am großen See. Der Weg dorthin ist kurz, die Kinder müssen nur ein paar Minuten auf dem Radweg an der Landstraße fahren. Ruben, der Erzieher, begrüßt die Kinder. Carlotta findet es schade, dass sie das einzige Mädchen ist. Alle freuen sich aufs Bauen. Ein paar kleine Baumstämme liegen schon am Seeufer. Fritz ist sauer. Bloß weil er kein Schwimmabzeichen in Bronze hat, darf er nicht mitmachen. Enttäuscht steigt er auf sein Rad. „Ich fahre mit", sagt Kemal, „an der Straße solltest du nicht alleine fahren." „Dann bis gleich, Kemal", ruft Ruben. Die Kinder verbinden die Stämme mit Tauen. Nach einiger Zeit sehen sie Kemal und Fritz heranfahren. Beide haben nasse Haare. Fritz strahlt. Stolz zeigt er sein Bronzeabzeichen. „Solch einen Freund zu haben ist ein großes Glück", sagt Ruben, „klasse, ihr zwei!"

Seite 35

2. | | |
|---|---|
| der Gruß | die Grüße, grüßen |
| das Gras | die Gräser, grasen |
| das Maß | die Maße, messen |
| der Spieß | die Spieße, aufspießen |
| Der Wind blies. | blasen |
| Er hieß Fritz. | heißen, hießen |
| Er saß. | Sessel; Er hat gesessen. |

Zum Verwechseln ähnlich!

Mann/man und Paar/paar

Seite 36

1. Das Wort Mann braucht immer einen Artikel: der Mann oder ein Mann. Manchmal ist der Artikel versteckt: Ich sitze beim Mann meiner Schwester. In Fragesätzen versteckt sich der Artikel in den Fragewörtern: Welchen Mann meinst du? Ich sehe keinen Mann! Das kleine Wort man meint alle oder jeden: Bei roter Ampel darf man die Straße nicht überqueren. Auch als Radfahrer darf man es nicht. Selbst wenn kein Auto kommt, muss man warten, bis Grün aufleuchtet. Gestern stand Fenja an der Ampel. Ein älterer Mann ging einfach bei Rot los. Fenja rief: „Bei Rot darf man aber nicht gehen!" Der alte Mann zuckte zusammen und kehrte um. „Da hast du recht", gab er zu. „Ich danke dir. Ich war in Gedanken." Dann wartete er mit Fenja auf Grün. So etwas erlebt man nur selten.

Seite 37

2. Ein Liebespaar ist ein Paar, das sich liebt. Lisas Eltern sind ein Paar, genauso wie ihre Zwillingsgeschwister. Zusammengehörige Schuhe oder Socken sind auch ein Paar. • Wenn mehrere Kinder zusammen spielen, bleiben oft ein paar Dinge liegen. Heute waren Max, Felix, Kemal und Carlotta bei Fenja zum Spielen. Als sie gehen wollen, liegen noch ein paar Socken auf dem Boden. Max fischt seine heraus und rollt sie zu einem Paar zusammen. „Dies sind Carlottas", sagt Fenja und legt das rot und weiß geringelte Paar aufs Bett. Dann zieht sie ihre Socken an. Nun liegt noch eine grüne und eine blaue Socke auf dem Boden. „Da fehlen doch zwei", sagt Fenja. Kemal lacht: „Nein, ich bin barfuß gekommen." Felix grinst und schnappt sich das ungleiche Paar. „Wer sagt, dass beide Socken gleich sein müssen?", fragt er.

das und dass

Seite 38

1. Fenja und Fritz sitzen in Fenjas Zimmer und puzzeln. Beide lieben das große Wal-Puzzle. Plötzlich fragt Fritz: „Fenja, glaubst du, dass Carlotta in Kemal verliebt ist?" „Woher soll ich das wissen?", fragt Fenja. „Ich dachte, dass ihr beste Freundinnen seid", meint Fritz, „da weiß man das doch." „Und ich denke, dass du es eher wissen müsstest als ich, du bist ihr Bruder. Wie kommst du denn darauf?" „Wenn Kemal und ich spielen, kommt sie zu uns ins Zimmer. Das hat sie sonst nie gemacht. Wenn er sie anguckt, lächelt sie. Immer!" „Kann schon sein, dass sie ein bisschen verliebt ist. Kemal finden ja alle gut." Fritz lacht. „Klar, ich auch! Aber das heißt nicht, dass ich in ihn verliebt bin!"

Seite 39

2. | | |
|---|---|
| Fenja findet, | dass Fritz gut puzzeln kann. |
| Fritz meint | das auch. |
| Beide finden, | dass das Puzzle schön ist. |
| Fritz vermutet, | dass Carlotta verliebt ist. |
| Fenja glaubt | das eher nicht. |

3. „Schade, **dass** wir nach den Ferien nicht mehr in dieselbe Schule gehen", sagt Kemal.
„Ich finde, **das** ist nicht so schlimm, Kemal", meint Fritz. „Carlotta sagt auch, **dass** eine gute Freundschaft das aushält."
„Ja, **das** hoffe ich sehr!"

Die Wörter seid, seit, seitdem und seit dem

Seite 40

1. Das große Sportfest findet seit zehn Jahren jeden Sommer statt. Zum Jubiläum gibt es einen Staffellauf. Felix, Max, Kemal und Paul aus der 1. Klasse sind im Team mit zwei älteren Jungen. Der eine Junge fragt: „Seit wann laufen Erstklässler Staffel?“ Er sieht Paul von oben herab an. „Wenn wir Letzte werden, liegt's an dem Kleinen.“ Fenja steht bei den Jungen. „Ihr seid gemein!“, sagt sie. „Ihr seid wohl nie jünger gewesen? „Alle Teams haben ältere und jüngere Läufer“, meint Max. Paul erklärt: „Seit dem Zeugnis bin ich sowieso Zweitklässler. Da steht: Paul wird versetzt in die zweite Klasse.“ Max' Vater ruft: „Seid ihr bereit?“ 24 Kinder warten auf das Startkommando: „Achtung, fertig, los!“ Die sechs Jungen siegen ganz knapp. „Jetzt seid ihr ja wenigstens netter zu Paul“, grinst Fenja. Paul grinst auch: „Ja, seit sie wissen, dass ich schnell bin!“

Seite 41

2. Musterlösung:
   1.) „Seid ihr fertig für die Schule?“, ruft die Mutter.
   2.) „Schon seit zehn Minuten“, antwortet Paula.
   3.) „Komisch, seitdem du auf der neuen Schule bist, bist du sehr pünktlich“, meint Paulas Schwester erstaunt.

3. Seit einigen Wochen trägt Max eine Zahnspange. Er muss seitdem regelmäßig zur Kontrolle. Es war seit Tagen nicht so schönes Wetter wie heute, und gerade jetzt muss er zum Kieferorthopäden! Die anderen sind schon seit über einer Stunde im Schwimmbad, als Max endlich ankommt. „Hier seid ihr! Ich habe euch gesucht. Seit wann liegen wir nicht mehr am Nichtschwimmerbecken?“ „Seit ich mein Bronzeabzeichen habe!“, jubelt Fritz. „Seit dem siebten Juli habe ich es!“ Seit drei Tagen prangt es auf seiner Badehose. „Er schläft seitdem sogar in dieser Badehose“, kichert Carlotta. Max ist heiß. „Geht ihr mit mir ins Wasser oder ihr seid gerade drin gewesen?“

Schwierige Buchstaben und Buchstabenkombinationen

Wörter mit Ph/ph und Th/th am Wortanfang

Seite 42

1. 1c, 2b, 3f, 4a, 5g, 6e, 7d

2. Am letzten Schultag führte die 4a ein Theaterstück auf. Beim Schul-Rap sollte Carlotta drei Strophen singen. Am Abend vorher wurde sie heiser. Mama gab ihr das Fieberthermometer. „Ich bin nicht krank, Mama“, beschwerte sich Carlotta, „ich hab nur zu viel gesungen!“ „Dann koche ich dir Tee“, sagte Mama. „Möchtest du lieber Salbei- oder Thymiantee?“

Seite 43

3. mo se ho Ther (schön warm!) Thermohose
   ter Fie ther ber me mo (wichtig!) Fieberthermometer
   The ter a stück (zum Zugucken!) Theaterstück
   tee Thy an mi (gesund und lecker!) Thymiantee
   larm Ka phen tro a tas (Hilfe!) Katastrophenalarm

4. Diese Wörter gibt es nicht! Es sind Quatschwörter: Thermokater, Thermotheater, Katerstrophe, Thementhema, Thymianstrophe.

Wörter mit Ch/ch am Wortanfang

Seite 44

1. Felix findet Chamäleons toll. Er liegt auf dem Teppich und hat seine Tierbücher um sich herum liegen. Seine Mutter sagt: „Bei dir sieht es ja ziemlich chaotisch aus. Du musst mal wieder aufräumen!“ „Nein, Mama, das ist kein Chaos, das ist gemütlich“, antwortet Felix. „Du musst bald zum Chor, Felix.“ „Ja. Wir üben ab heute Herbstlieder, dazu habe ich noch gar keine Lust.“ Die fehlenden Wörter sind Charakter und chronisch.

Seite 45

2. a) Eine Kontrollliste zum Abhaken heißt Checkliste.
   b) Sich entspannen und ausruhen heißt auch chillen.
   c) Wer die Meisterschaft gewinnt, ist der Champion.
   d) Eine Unterhaltung über das Internet heißt Chat.
   e) Ein scharfes Gewürz aus kleinen Schoten heißt Chili.

3. Familie Mistkäfer lebt im Pferdestall. Wie die Chefs fühlen sie sich dort, denn der ganze Mist gehört ihnen allein. Sie hausen in einem weißen Champignon. Nun ist er löchrig geworden und sie müssen umziehen. „Ein Wagen mit Chauffeur, das wäre etwas Feines“, sagt Mutter Mistkäfer. Da kommt eine Weinbergschnecke des Weges: „Ladet nur eure Mistkugeln auf! Die Chaussee hinab steht ein prächtiger Pilz.“ Die

Käfer nutzen die Chance und reisen mit. „Das ist ja gar kein Champignon", nörgelt Vater Mistkäfer. „Eine Marone ist auch gut", sagt Mutter Mistkäfer zufrieden.

rz oder rts?

Seite 46

1. In den Sommerferien gibt es im Park in der Ortsmitte jedes Jahr ein großes Sportfest. Kemals Familie geht den kurzen Weg zu Fuß. Kemal trägt sein neues Trikot und die Shorts, die er zum Geburtstag bekommen hat. Schon von Weitem sieht er Fenja, Fritz und Carlotta. Carlotta balanciert locker über einen langen Baumstamm. Fenja nimmt lieber den kurzen Stamm. Trotzdem hat sie Herzklopfen. „Du musst aufs Ziel gucken", erklärt Kemal, „dann ist es leichter." „Ich denke immer, ich stürze ab", sagt Fenja. „Du musst es ja nicht tun!", meint Fritz. „Ich möchte es aber schaffen", antwortet Fenja. Der Blick auf das Stammende hilft ihr wirklich, vorwärts zu kommen. Als sie sieht, wie Alan rückwärts über den langen Stamm geht, sagt sie zu Kemal: „Dein Bruder ist eine echte Sportskanone."

Seite 47

2. Max hatte am vierzehnten März Geburtstag. Es war eisiges Wetter gewesen. Max war kurz vor dem Geburtstag beim Eisrutschen über eine Baumwurzel gestürzt und musste zum Arzt. Seine Mutter hatte am nächsten Tag furchtbare Zahnschmerzen bekommen. An Feiern war nicht zu denken. „Feiere deinen Geburtstag doch einfach im Sommer", hatte Papa vorgeschlagen. Was für eine tolle dee! Heute ist es so weit. Die Sonne scheint, die Kinder tragen leichte Shorts und T-Shirts. Sie machen im Wald eine Schnitzeljagd und schlagen im Gras Purzelbäume. Zum Abschluss gibt es für jedes Kind eine Portion Eis mit Schokostreuseln, kleinen Zuckerherzen und Schlagsahne. „Das mache ich jetzt immer so", sagt Max. „Ich bin ein Sommerkind und kein Märzhase!"

3. Beispiellösung:
Ich habe zum <u>Geburtstag</u> einen Fußball bekommen. „<u>Herzlichen</u> Glückwunsch" rief Papa und kickte mir den Ball zu. Meine Freunde und ich haben nachmittags auf dem Sportplatz gefeiert. Wir sind alle echte <u>Sportskanonen</u>! Wir haben in <u>kurzen</u> Hosen und unseren Lieblingstrikots den ganzen Nachmittag gebolzt. Abends hatten wir riesigen Hunger! „<u>Vorwärts</u>, Jungs, wascht eure <u>schwarzen</u> Hände!", rief Papa. Dann gab es am Lagerfeuer meinen Lieblingsnudelsalat mit Tomaten, Käse und <u>Gewürzgurken</u> und lecker belegte Brote. Es war mein schönster <u>Geburtstag</u>.

Wörter mit Y/y

Seite 48

1. a) Wenn du etwas zur Hälfte teilst, machst du fifty-fifty.
b) Yeti heißt ein sagenumwobener „Schneemensch".
c) Besitzt du schon ein eigenes Handy für unterwegs?
d) Ein Yak ist ein asiatisches Rind und lebt in den Bergen.
e) Yoga ist Entspannung, Bewegung und Meditation zugleich.
f) Ein Hobby kann zum Beispiel eine Sportart sein.

Seite 49

2. Die Mutter von Carlotta und Fritz kommt vom Yoga nach Hause. „Nach dem Yoga bin ich immer herrlich entspannt", sagt sie und strahlt. „Das ist gut", sagt Carlotta. „Uns ist nämlich beim Spielen eine große Palme umgefallen", fügt sie verlegen hinzu. „Oh! Doch nicht etwa die große Yucca-Palme?", fragt Mama. „Doch, genau die", antwortet Fritz kleinlaut. Mama holt tief Luft. „Dann wollen wir sie mal wieder aufstellen", sagt sie. „Das ist nicht so einfach, Mama. Wir haben es nämlich schon versucht und dabei ist sie ..." „Ja ...?" „Naja ... sie ist sozusagen fifty-fifty", erklärt Carlotta und versucht ein Lächeln. „Was soll das heißen?", fragt die Mutter angespannt. „Dass du jetzt zwei Yucca-Palmen hast, Mama", antwortet Fritz und legt seine Hand auf Mamas Hand.

3. a) Ein junges Kätzchen wird auch Katzenbaby genannt.
b) Man kann mit dem Füller, aber auch mit dem Kuli schreiben.
c) Mein Hobby ist das Ponyreiten.
d) Große Städte bieten in der City oft Leihfahrräder an.
e) Na gut, Teddy, ich bin zwar kein Baby mehr, aber wenn du willst, darfst du bei mir schlafen!

Wörter mit ß, ss oder s nach Zwielauten (Diphthongen)

Seite 50

1. Kemal liegt im Gras und beobachtet eine riesige,

weiße Wolke. Sie sieht aus, wie ein äußerst dickes Schaf. Außerdem gibt es kleinere Wolkenschäfchen. Plötzlich reißt das Schaf sein Maul auf, als wolle es die kleinen beißen. Nun sieht es aus wie ein Wolf! „Der Wolf und die sieben Geißlein!", denkt Kemal und lacht. Er weiß gar nicht, was „Geißlein" heißt. „Eine Geiß ist eine Ziege", erklärt Carlotta. „Wie kommst du jetzt darauf?" „Nur so", sagt Kemal. Wer weiß, ob sie ihn sonst auslachen würde ...

Seite 51

2. „Herr Dragolin, sie sind bereits 200 Jahre alt, richtig?" „Richtig. Man weiß es inzwischen. Wir sprachen bereits darüber." „Das heißt, Sie durften das alte Preußen noch erleben?" „Durfte? Das ist weiß Gott nicht das richtige Wort!" „Missfiel Ihnen das Preußische Reich so außerordentlich?" „Das Reich nicht. Die Kriege waren äußerst unangenehm." „Sie erlebten mit dreißig Jahren ihren ersten Krieg?" „Ich war 28 Jahre alt und bekam gerade die ersten Milchzähne." „Sie haben ein äußerst bemerkenswertes Gedächtnis!" „Es prägt sich ein, wenn der erste Zahn nichts zu beißen hat." „Nichts zu beißen, was soll das heißen?" „Eine alte Weisheit: Kriege machen arm. Auch Drachen." „Gott sei Dank leben wir heute in Friedenszeiten." „Da haben Sie ein bemerkenswert wahres Wort gesprochen." „Gibt es noch etwas, was Sie uns sagen möchten, Herr Dragolin?" „Später. Ich möchte mich jetzt ein paar Monate hinlegen." „Das ist aber außergewöhnlich lang! Sie sind doch nicht krank?" „Keinesfalls. Häusliche Drachen wie ich brauchen nur regelmäßig ein Schläfchen."

Welches Zeichen muss ich setzen?

Satzschlusszeichen

Seite 52

1. DU FINDEST IN DIESEN SÄTZEN NUR GROßE BUCHSTABEN. DAS MUSS SO SEIN. DIE AUFGABE WÄRE SONST ZU EINFACH. IN BISSCHEN SOLLST DU SCHON NACHDENKEN MÜSSEN. WAHRSCHEINLICH FINDEST DU ES TROTZDEM ZIEMLICH EINFACH.

2. „Soll ich dir ein Geheimnis verraten? Du darfst es aber nicht weitersagen." „Was ich nicht weitersagen darf, möchte ich lieber gar nicht erst wissen." „Warum denn das nicht?" „Wenn dein Geheimnis schlimm für mich wäre, könnte ich mir bei niemandem einen Rat holen." „Ah, ich verstehe. Aber so ein Geheimnis ist es nicht. Es ist etwas Schönes." „Dann sag es mir bitte."

Seite 53

3. „Wie oft habe ich dir schon gesagt, dass Katzen nichts im Bett zu suchen haben!" Mama hebt Sissi aus Fenjas Bett. Sissi maunzt kläglich. „Sissi kann doch nicht antworten, Mama!", ruft Fenja erstaunt. „Das soll sie auch nicht. Ich meine dich!" „Ich weiß es aber auch nicht", antwortet Fenja. „Was weißt du nicht?" „Na, wie oft du es gesagt hast!" „Ziemlich oft", sagt Mama böse. „Das kann hinkommen", sagt Fenja verschmitzt. „Warum fragst du dann?!"

4.

„Kannst du mal bitte kommen	?"	„Klar kann ich das. Worum geht es denn	?"
„Halte das mal bitte fest	."	„Warum denn	?"
„Damit ich mir den Kleber holen kann	."	„Den hätte ich dir doch auch bringen können	!"
„Darum wollte ich dich nicht bitten	."	„Warum denn das nicht	?"
„Ich dachte, dann kommt deine Lieblingsantwort	."	„Und welche soll das sein	?"
„Ich bin nicht dein Diener	!"		

Wörtliche Rede und Aufzählungen

Seite 54

1. Fenja fragt: „Darf Fritz bei mir übernachten, Mama?" Die Mutter fragt nach: „Erlaubt deine Mama es denn, Fritz?" Fritz ruft: „Ja klar, ich darf und ich möchte unbedingt!" Fenja hüpft auf und ab und ruft: „Bitte, bitte, sag auch ja, Mama!" Fenjas Mutter antwortet: „Ja, genießt nur eure Ferien." Fritz erklärt: „Wir wollen die ganze Nacht puzzeln."

Seite 55

2. „Wollt ihr überhaupt nicht schlafen?", fragt Fenjas Mutter. „Muss man denn unbedingt schlafen?", fragt Fritz zurück. „Ja selbstverständlich!", ruft Fenjas Mutter erstaunt. „Auf gar keinen Fall!", ruft Fenja und lacht fröhlich. „Ich bin sehr gespannt, ob ihr das durchhaltet", sagt Mama. „Das halten wir locker durch", meint Fenja überzeugt.

3. Beispiellösungen:
   a) Meine Lieblingstiere sind Feldhasen, Krähen und Möwen.
   b) Englisch, Biologie und Musik sind in der Schule meine Lieblingsfächer.
   c) Später werde ich vielleicht Forscherin, Fotografin oder Übersetzerin.